Charly Wehrle

Das Reintal

Der alte Weg zur Zugspitze

PANICO ALPINVERLAG

Für meine Kinder Thomas, Ulli und Emilia-Anna

Dritte Auflage, 2010

D-73257 Köngen, Golterstr. 12
Tel.: 07024-82780, Fax: 07024-84377
email: alpinverlag@panico.de

ISBN 978-3-936740-01-1

Inhalt

Der alte Weg durch's Reintal –
Die ersten Besteigungen der Zugspitze

Von der Gletscherwanderung zum 10. Grad –
Bergtouren und Klettergeschichten rund um das Reintal

Zu den großartigsten Alpenregionen gehört unstreitig die Zugspitze mit dem Kranz des Wettersteins ... Eine Morgenwanderung durch das Rein- oder Partnachtal gehört zu den schönsten und reichsten Genüssen, welche die Welt der Alpen bieten kann. Die Natur entfaltet hier eine Wildheit und Großartigkeit, dass man sie kühn mit den gepriesensten Partien Tirols und der Schweiz vergleichen kann.

Stephan Steinberger, Erstbesteiger der Königsspitze (1854) und späterer Kapuzinerpater Korbinian

Vorwort

Das erste Mal sah ich die Zugspitze und das Wettersteingebirge im August 1960 vom Gimpel in den Tannheimern. Es sollte gleichzeitig das einzige Mal in meinem Leben sein, dass ich mit meinem Vater und meinen Brüdern Werner, Wolfgang und Siegfried zusammen unterwegs war.
Glücklicherweise hatten wir einen herrlichen Spätsommertag und die Sicht reichte im Westen bis zum Säntis, im Süden ragten die Gipfel der Lechtaler in den Himmel, im Norden breitete sich das Voralpenland vom Ammersee bis hinüber zum Trauf der Schwäbischen Alb aus. Und im Osten sahen wir in blaugrauer Farbe das Wettersteingebirge: Ein mächtiges Bollwerk, von dem sich nach Süden eine lange scharfe Kante talwärts zog. Ich fragte meinen Vater, wie dieser gewaltige Gipfel heißt. »Das ist die Zugspitze, Deutschlands höchster Berg, 2962 m hoch, ein knapper Dreitausender«, erklärte er mir. Für mich als damals Zehnjährigen war das unwahrscheinlich hoch. Seit diesem Tag hat sich dieser mächtige Felszug tief in mein Unterbewusstsein eingeprägt. Überdies hatte meine zweite Mutter sehr viel von den Olympischen Spielen 1936 in Garmisch-Partenkirchen erzählt, das machte mich zusehends neugieriger auf das Werdenfelser Land.
Als ich dann 1966 Franz Fischer auf der Tannheimer Hütte kennen lernte, rückte das Wetterstein schon ein wenig näher. Ich hörte die Geschichten vom Oberreintal und vom Stuiben. Die junge Klettergeneration erzählte vom Dengg Sepp und von Gofi, damals Hüttenwirte im Oberreintal. Doch erst mit Hubert Bredl, einem Garmisch-Partenkirchner Freund, öffnete sich für mich vollends das Tor zu Wetterstein. 1971 nahmen er und Charly Hermann mich zur Durchsteigung der berüchtigten Schwarzen Wand im Höllental mit. Es war damals die neunte Begehung.
Nachdem ich bereits drei Jahre in der Jungmannschaft Garmisch-Partenkirchen war, wurde das Jahr 1974 zu meinem Zugspitzjahr schlechthin.

Während des wöchentlichen Mittwoch-Stammtisches der Jungmannschaft im »Rassen« fragte Jungmannschaftsleiter Amadeus Henke, wer denn Lust hätte, am Sonntag – es war Ende April – die »Neue Welt« mit Ski abzufahren, genauer gesagt vom Schneefernerkopf hinunter nach Ehrwald. Das hörte sich für mich ganz schön kühn an, zumal ich erst seit zwei Wintern einigermaßen mit Tourenbrettern umgehen konnte. Außer mir meldete sich von der Jungmannschaft nur Amadeus für diese abenteuerliche Abfahrt. Ansonsten waren nur ältere dabei: Willi Klimek, Thomas Gruhl, Roland Modes und Alfred Schmid. Das Wetter war gut, aber kalt, viel zu kalt, als dass es hätte auffirnen können. Während der letzten Querfahrt, bevor man zur ersten Abseilstelle kommt, griffen meine Ski ins Leere und es ging ganz plötzlich dahin. Mich überschlagend sah ich bald den Schnee, bald den blauen Himmel. Meine linke Schulter, vor einem halben Jahr frisch operiert, tat plötzlich höllisch weh. Doch als ich dies registrierte verlangsamte sich auch schon meine unfreiwillige Fahrt über den hart gefrorenen Schnee, ich kam zum Stillstand. Die fünf besseren Skifahrer standen sogleich um mich herum und fragten nur: »Hast dir weh tan?« Als ich verneinte und wieder aufstand, hat es natürlich ein Gelächter gegeben, ein Greenhorn hatte es eben nicht besser verdient. Das Abseilen und die weitere Abfahrt war dann ein Mordsspaß. In Ehrwald steuerten wir die nächstbeste Wirtschaft an, wo ich natürlich um eine Maß Freibier nicht herumkam. Trotz des spektakulären Sturzes war ich mächtig stolz auf meine Leistung.
Eine Woche später stand ich erneut auf dem Zugspitzgipfel, Freund Hubert Bredl war mit von der Partie. Diesmal ging es aber nach Nordosten hinunter ins Reintal. Wieder gab es schönes Wetter, es war jedoch erheblich wärmer. Die Bergwacht riet uns wegen der Schneebrettgefahr frühzeitig abzufahren. Eine Abfahrt durch herrlichen Pulverschnee brachte uns rasch hinunter ins Brunntal. Dann wurde es aber auch schon warm und am Südhang unterhalb der Knorrhütte bildete der Frühjahrsschnee seine ersten Rutsche. Wir ließen uns davon aber nicht beunruhigen und zogen weiter unsere Bögen Richtung Reintal. Pausen legten wir so gut wie

keine ein. Erst nach der schmalen Passage unterhalb des Weges, wo sich im Sommer der Brunntal- und der Felsensteig trennen, rasteten wir, nun schon ein wenig außer Puste.

Erst jetzt hatten wir Augen für die mächtigen, noch im Winterschlaf liegenden Wände des Hochwanner und des Kleinen Wanner. Die Südwände des Brunntalkopfes und die Kirchtürme waren bereits weitgehend trocken. Der Oberanger, auf dem wir jetzt standen, lag völlig friedlich da, die Schneedecke wies keine einzige Skispur auf, nur da und dort die Fährte eines Fuchses oder einer Gämse. Wir waren beeindruckt von diesem großartigen Platz, von dieser Arena, von dieser Landschaft, die so schien, als hätte man sie genauso hingewürfelt, perfekter war es nicht gegangen. Unter den mächtigen Wänden des Hohen Kamms eine riesige Steinlawine und ein wenig nördlich von uns über einen Hügel gezogen ein kleiner Wald – wie schön muss es hier erst sein, wenn es wieder zu grünen beginnt ...

Wir zogen nun weiter unsere Spur in dem immer mehr zu Sülze werdenden Schnee und langten bald an der Angerhütte an, die uns verträumt, aber verschlossen empfing. – Damals kam es mir noch nicht in den Sinn, Hüttenwirt im Wetterstein zu werden, geschweige denn genau 12 Jahre später hier als Pächter die Reintalangerhütte zu übernehmen. Wie soll man aber auch einen vielleicht längst schon angelegten Plan, der noch in den Sternen steht, erkennen?

Unser Weiterweg hinaus nach Partenkirchen war ziemlich beschwerlich, bald hörte der Schnee auf und wir mussten unsere Ski tragen. Von einer flotten Abfahrt das Reintal hinaus konnte keine Rede sein.

Das waren also zwei ausgefüllte Sonntage im April 1974. Anderthalb Monate später folgte Zugspitzabenteuer Nummer drei. Die eingangs beschriebene markante Südkante, die so genannte Wetterkante, war diesmal unser Ziel – 1000 Klettermeter. Ein einziger gewaltiger Bruchhaufen war das, den wir uns da ausgesucht hatten. Dennoch, schönes Wetter und eine fantastische Fernsicht entschädigten uns für alle Mühen an diesem Tag, besonders für den heiklen Abstieg hinunter aufs Zugspitzplatt.

Wieder zwei Monate später, im August, stattete ich der Zugspitze einen vierten Besuch ab. Günter Schnaidt, Teilnehmer an der Eiger-Winterdiretissima 1967, und seine Frau Margret luden mich ein, mit ihnen den Jubiläumsgrat zu begehen. Der Weg war mühsam in der glühenden Sommerhitze, doch wir hatten den Grat bald hinter uns, sodass uns noch genügend Zeit blieb, übers Höllental abzusteigen.
Im Juni 1977 schließlich war ich für längere Zeit ein letztes Mal im engeren Zugspitzgebiet. Mit Jim Bösenecker und Amadeus Henke durchstieg ich die Schoberführe an der Riffelkopf-Südostwand – ganz schön schwer, luftig und brüchig. Damit aber hatte ich zumindest von der bergsteigerischen Seite her wohl vollends meine Sporen verdient, um am Fuße der Zugspitze Hüttenpächter zu werden.

Reintalanger – wer dächte da nicht an grüne Bergwiesen, an hohe Wände, an die schillernde Partnach oder an die Blaue Gumpe, eines der Wahrzeichen des Wettersteins. Mit Fug und Recht darf behauptet werden, dass das Reintal eines der schönsten, markantesten und abwechslungsreichsten Täler in den nördlichen Kalkalpen ist. Seit langer Zeit beweidet von den Rindern und Schafen der Tiroler und Partenkirchner Bauern, war es auch Grenzübergang für Schmuggler und Jäger. Erst später entdeckten Wanderer und Bergsteiger, Künstler und Wissenschaftler, Abenteuerer, Sportler und Hüttenwirte den alten Weg zur Zugspitze. Viele Menschen haben an diesem Weg Geschichte und Geschichten geschrieben. Sei es durch die erste Besiedelung, sei es durch die Beschreibung der Landschaft, sei es mit den ersten Zugspitzbesteigungen oder mit den Klettergeschichten aus dem 20. Jahrhundert.
Die Natur selbst schrieb und schreibt ihre eigene Geschichte: durch gewaltige Bergstürze, durch Hochgewitter und Muren, durch zerstörende Stürme oder Lawinen, durch Schneeschmelze, Überschwemmungen und Schönwetterperioden oder durch die Entstehung von Klammen im Laufe der Jahrtausende. Als ich im April 1986 – nach sechs Jahren als Wirt der Stuiben- und Oberreintalhütte und eineinhalb Jahren in München – als

Hüttenpächter der Reintalangerhütte erneut in das Wetterstein zog, konnten mich viele nicht verstehen. Ich musste mir sogar einige unfreundliche Worte anhören. Ich hätte mich übernommen, ein Unverheirateter könne die Hütte nicht allein führen usw. Aber wer mich kannte, der wusste, dass ich meinen Weg gehen würde. Helmut Pfanzelt, der erste Vorsitzende der Sektion Garmisch-Partenkirchen, hat mir damals prophezeit: »Wenn du dich erst an den Anger gewöhnt hast, dann lässt er dich so schnell nicht mehr los.« Seine Worte haben sich bewahrheitet, obwohl das Verhältnis zur Sektion München in den ersten Jahren nicht ganz ungetrübt war und sich auch andere Widrigkeiten einstellten. Ich hielt durch. Als ich im November 1990 durch einen tragischen Unfall, bei dem ein junger Mensch starb, gar den tiefsten Punkt in meinem bisherigen Leben erreicht hatte, konnte mich nur noch mein eiserner Wille aus der Depression führen. 1991 war es soweit.

Seit dieser Zeit ist es meinen Freunden, Mitarbeitern und mir gelungen, den Reintalanger zu einem Platz mit harmonischer, sozialer Atmosphäre, zu einem Platz des Zufriedenseins und der Begegnung zu machen. Unser Ziel war stets ein Miteinander zwischen Hüttenbelegschaft und Gästen. Hauptsächlich Studenten der verschiedensten Richtungen, aber auch Handwerker und Techniker, Sozialarbeiter und Lehrer, Beamte und Musiker, Freunde, Verwandte und Weltenbummler haben sich die Arbeit am Anger flexibel geteilt und die Abende in der Gaststube oder auf der Terrasse musikalisch und heiter gestaltet. So sind wir im Volksmund inzwischen zu den »Reintalpeople« geworden. Die Hüttenarbeit fasziniert mich bis zum heutigen Tag. Das mag auch an der Herausforderung liegen, jeden Monat ein neues Team aus Mitarbeitern zu formen.

Die Oberreintal-Ausstellung vor vier Jahren im Alpinen Museum in München und im Kongresszentrum Garmisch-Partenkirchen und meine drei Bücher über das Reintal, über Franz Fischer und über das Musiktrekking haben außerdem noch mehr zu einer kulturellen Note am Reintalanger beigetragen. Aber nicht nur die Faszination dieser außergewöhnlichen Tätigkeit ist es, was diesen Beruf ausmacht. Er gibt mir auch die Gelegenheit, alte Geschichten aus dem Reintal mit neuen zu verbinden, sie aufzuschreiben und für die jetzige und kommende Generationen aufzubewahren.

Den 90. Geburtstag der Reintalangerhütte will ich zum Anlass nehmen, um mein viertes Buch vorzulegen. »Der alte Weg auf die Zugspitze – Geschichten aus dem Reintal« soll eine Dokumentation in einer Form sein, die neben historischen Bergsteigergeschichten wissenschaftliche Themen zum Inhalt hat, aber auch Begebenheiten von Land und Leuten erzählt. Bei näherem Hinsehen sind die vergangenen Zeiten des Reintals so vielschichtig, dass gar nicht alles in diesem Buch Platz finden konnte. Die Auswahl fiel mir sehr schwer und ich musste viele Geschichten weglassen. Aber zumindest in der Gesamtchronik sollen möglichst viele Ereignisse genau aufgelistet werden. Eine Gewähr für absolute Richtigkeit kann ich trotzdem nicht übernehmen. Die Reintalangerhütte und die Oberreintalhütte feiern im Sommer 2002 gemeinsam den 90. bzw. den 80. Geburtstag – ein markantes Jubiläum.
Dass meine Freunde, Mitstreiter und ich die Geschichte der beiden traditionsreichen Hütten mitgestalten und prägen durften, erfüllt uns mit Dankbarkeit und auch ein wenig mit Stolz.

Ohlstadt, im März 2002 Charly Wehrle

Die Zugspitze, vom Gimpel in den Tannheimer Bergen aus.

Die Namen des Wettersteingebirges, ihre Sprache und Geschichte

Karl Finsterwalder

Die Namen einer Berggruppe kann man kaum in einem isolierenden Ausschnitt mit der Blickrichtung bloß auf das betreffende Gebirge selbst verstehen. Wer über die Umstände ihrer Entstehung klar sehen will, der muss schon ein wenig dem Werden der Namen in geschichtlichen Zeiträumen und ihrem Hinein- und Hinaufwandern ins Gebirge aus den umliegenden Tälern nachgehen. Bei manchen entdeckt man, dass sie – so verschieden sie klingen – mit vielfachen Fäden historischer und volkskundlich-sprachlicher Art untereinander verbunden sind: Weideverhältnisse und Nutzungsrechte, einstmals viel benützte Übergänge sind solche siedlungsgeschichtlichen Faktoren; Zusammenhänge der Mundarten in engerer und weiterer Nachbarschaft haben als Bindeglieder sprachlich-volkskundlicher Art gewirkt.

Wir sehen auch, dass sich schon bis Mitte des 15. Jahrhunderts die erst so gegensätzlichen Gebietsansprüche angenähert hatten. 1452 besagt die Festsetzung des »wildtpann der Herren von Österreich« im Wetterstein: »als (wie) der Erwaldt und das Gaisital aneinanderstost, albeg (immer) oben nach dem grat am Weterstain (Wetterwand) in das Teufelsgesäß (den heutigen Teufelsgrat), in das Reintal, dem grat nach in die Paumgartgruoben (Bangertgrube) weiter zum Halsly (Einschnitt am Franzosensteig)«, und dem folgt auch der Grenzvertrag zwischen dem deutschen König Max I. und dem Hochstift Freising von 1500.

Trotzdem wird tirolischerseits »der untere Forst in der Leutasch« noch um 1600 weit auf die Nordseite des Wettersteins ausgedehnt (wegen der Hochgebirgsnamen hier abgedruckt): »Von der Kirchen in der Leutasch in Gern (in die Gehren = Gehrenspitzen) ... nach dem Grad in Khörljoch (Leutascher Dreitorspitze oder Karlspitze) hinyber an Soler (Söllerpaß) ... in Reinthall, von äußerist des Reinthall an Stuibenwandt und hinauf an

Schachensee, von darein an Terl (von da herein ans Törl = Dreitorspitzgatterl), disen Grad nach bis am Wetterspitz (Wettersteinwand)«.
Für dieses Übergreifen Tirols nach Norden ins Reintal waren nicht bloß Ansprüche auf Forst- und Wildbann innerhalb vormaliger Ödlandzonen maßgebend gewesen, sondern auch die Ausdehnung der Almwirtschaft über den Gebirgskamm nach Norden, eine Tatsache, die ja bei den zentralalpinen Wasserscheiden die Regel ist. Nur fand das hier in recht kleinem Umfang statt. Die verbindenden Pässe, über die man vom Tiroler Boden das Vieh auf den Talgrund des oberen Reintals übertrieb, waren Feldernjöchl und Gatterl.
Der *Reintalanger* selbst erscheint schon 1485 als »das alblin« (Ldb., S.-443), allerdings nicht Petersberg, sondern dem tirolischen Pflegeamt Hörtenberg (Burg Hörtenberg bei Telfs) unterstellt. Dieser tirolische Gebietsvorsprung im Reintal wird in einem Kaufvertrag von 1600 so umschrieben (S. 443): »das alblin, so man nent Reintal, das da stoßt an das Gaistal hinaus an die Törlen (Dreitorspitzgatterl, jetzt noch Törlspitzen), hinauf an Seekar (reichte also bis zum Stuibensee) und das Reintal hinaus bis an die Grafschaft Werdenfels«.
Auch die Gegend des *Frauenalpls*, heute bayerisch, wird in Verleihbriefen von 1608 als »Albl Derl (Törl) und Pergl (Bergltal)« im Besitz von Leutascher Bauern genannt. Seine Ausdehnung geht nach diesen Urkunden »morgenhalben (östlich) an die drei Scharten auf'n Spitz (Wettersteinwand), mittentag (südlich) an Soler (Söllerpaß), mitternacht (nördlich) bis an Partenkirchener Galtalben (Schachen- und Wettersteinalpe)«.
Bis zum endgültigen Ausgleich zwischen Freising und Tirol im Jahre 1776 war die Ausdehnung der tirolischen Rechte auf den Ebenwald – das Waldgebiet ungefähr zwischen Schachen, Ferchensee und Partnach – noch immer strittig. Der Geltungsbereich des Namens Ebenwald war ebenso schwankend wie die Auffassungen von den Herrschaftsrechten darüber. Und dass heute im Widerspruch zu den alten Markbeschrieben auf den harmlosen Rücken südlich des Schachen der Name *Teufelsgsaß* festgelegt erscheint, den das Mittelalter nur für den wirklich abschreckenden Teu-

felsgrat gelten ließ, das mag damit zusammenhängen, dass die tirolische Seite mit dem Hinausrücken dieses Terminus »Teufelsgsäs« bis zum Schachen Anschluss an das ebenfalls noch von Tirol beanspruchte Ebenwaldgebiet gewinnen wollte. Aber noch Adolf Pichler verwendet in »Kreuz und quer« (1896) den Volksausdruck s'Gsaß für den heutigen Teufelsgrat.

Reintal: 1435–1600 oft Reintal, einmal Raintal Ldb., 426, außerdem 1500, 1536 Reintal, Hibler, S. 153, und ebenso auf der Karte von Paur, 1718, Jb. 1964, S. 13. Interessant ist auf der Karte von Ygl (1605) ein im obersten Reintal angegebener Name Remtalstein, der sicher als Reintalstein zu lesen ist. Eher als die wenig hervortretende Zugspitze wird man vom Grund des Reintals aus den imposanten »Kirchturm« Reintalstein genannt haben.

Die fast ausschließlichen Schreibungen mit »ei«, wenigstens jene von 1500–1718, sind nicht etwa willkürlich, sondern eine konsequente Rechtschreibung. Sie sprechen gegen eine Herkunft von Rain (das mit dem Zwielaut oa gesprochen würde, der von mir auch nicht abgehört werden konnte). Der mehrfach genannte Hohe Rain liegt nicht hier. Der Name ist rätselhaft, wenn man nicht an eine heute verschollene Wortbildung zum althochdeutschen Zeitwort »hrinan« (streifen, berühren), »hrinanti« (contiguus, proxiinus) denken darf. (Graff, Ahd. Sprachschatz, IV, 1158.) Ein »Hrina-tal« könnte soviel wie »nächstes, angrenzendes Tal« bedeutet haben. Ebenso Reintal b. Musau, Lech.

Wetterstein: jeder Beobachter dieser Landschaft erinnert sich, wie sich bei nahendem Schlechtwetter die Wolken zuerst an dem mächtigen Westabsturz des Wettersteins anhängen.

Den Tiroler Volksglauben darüber spiegelt eine ganz aus der bäuerlichen Psychologie geschöpfte Stelle aus Carl v. Lutterottis Gedicht »Der Klausa-Mo« aus der Gegend von Imst wider. Ein Hirte sinniert da bei einem unerwarteten Schlechtwettereinbruch: »Ischs z'moargats, denkt er, gwöst so ruan (rein), Was soll iatz dös badeuta, Aß müaßa-n- af-a Wötterstuan Grad d'Hexa-n- umha reita.« Die Benennung Wetterstein ist wahrscheinlich von der Tiroler Seite ausgegangen.

Windgfäll (nördlich des Kämikopfs): mundartlich »'s wintgföll«, zu mittelhochdeutsch »wintgevelle« (Windwurf).

Zugspitze: Das erste Mal ist »der Zugspitz« genannt im Grenzvertrag von 1656 als »der höchste Wetterstain oder Zugspitz« (Ldb., 614). Die Benennung ist sicher etwas Sekundäres, wahrscheinlich ein vom Zugwald nach oben übertragener Name. Aber woher stammt der Begriff »Zugwald«? Angesichts der in den Alpen allgemeinen Erscheinung des Aufwanderns von Namen ist es unwahrscheinlich, dass dieses Waldgebiet nach Lawinenstrichen über der Waldgrenze, die angeblich einmal Zug geheißen haben, durch Herabwandern ihres Namens bezeichnet worden sind. Zumal Zug bloß im Alemannischen und Walserischen, aber nicht in dieser Region in solchem Sinne verwendet wird (die diesbezüglichen Angaben Buchners, a.a.0. S. 162, sind ungenau). Für den Zugwald war eine für bäuerliche Wirtschaft dienende, von Menschenhand frei gehaltene schräge Gasse durch den Wald (parallel zur Rohrlain, über diesem Graben, nicht in ihm selbst) namengebend. Diese kann nur zum Heu- oder Holzziehen gedient haben. In Tirol und Bayern ist dafür allgemein »Hazug« oder »Heuzug« üblich.

In anderer Verwendung kommt das Wort »Zug« am Kristenkopf im Karwendel vor (nämlich als »Hahnzüge« = Richtung des Zugs und Einfalls der Spielhähne), in den drei »Zügen« auf der Alpe Tarrenton (Westblatt; drei parallele, geländebedingte waagerechte Gassen für den Viehtrieb am Waldhang) und in »Haberzug« bei Ohlstadt.

Dass »Zugspitze« dieselbe Herkunft hat wie der Name »Ziegspitz« (Bezeichnung für den Gipfel nördlich von Grainau), ist auszuschließen, da dieser schon seit 1540 »auf Ziag« (sprich zieg) heißt (Hibler, S. 219). Hier kommt eher das mittelhochdeutsche »ziehe« (Föhre) in Betracht, aber das ist eher unsicher.

Karl Finsterwalder (*14.4.1902–1988), Sprach- und Kulturgeschichtsforscher, Buch der Tiroler Namens- und Familiennamenkunde 1951 als 81. Band der Schlern Schriften.

Wohin gehört das Reintal?

Josef Brandner

Die Tiroler wollten unbedingt in den Besitz des Karwendeltals gelangen. Ohne Gewalt war dies nur durch Kauf oder Tausch zu erreichen. Und wer tauschen will, braucht für die Gabe eine Gegengabe. Irgendwann zu Beginn des 18. Jahrhunderts hatte dann irgendein kluger Kopf bei der oberösterreichischen Regierung in Innsbruck die Idee: Das Reintal vom Zugspitzplatt bis hinüber zum Schachen sollte die Gegengabe sein. Damit war ein verhängnisvoller Zusammenhang hergestellt.

Beim Hochstift Freising hatte man zunächst, sei es aus Ungeschick oder aus diplomatischen Gründen, den Eindruck erweckt, das Vorhaben sei einfach am krassen Wertunterschied der beiden Objekte gescheitert. Wie es scheint, haben sich allerdings sehr bald der Werdenfelser Pfleger und vor allem der Markt Partenkirchen ganz entrüstet eingeschaltet: Man könne nicht etwas eintauschen, was einem ohnehin schon gehöre.

Sofort entbrannte ein Gutachterstreit über die Zugehörigkeit des Tales. Für Tirol stand das Tauschprojekt auf dem Spiel und für Werdenfels die jahrhundertealte Grenzfunktion des Wetterstein-Hauptkammes. Weder der Grenzvertrag von 1500 noch der von 1656 konnten zu Rate gezogen werden. Jetzt wurde in den Registraturen in Innsbruck, Garmisch und Freising der Staub aufgewirbelt. Alte, längst abgelegte Akten und Urkunden entwickelten sich zu brisanter Munition im jahrelangen Federkrieg.

Den Hinweis auf die älteste Werdenfelser Grenzbeschreibung von 1305 konterte man mit der Beschreibung des Tiroler Wildbanns von 1430. Der »o.ö. Regierungs-Procurotor« Dr. Anton Schuller belegte, daß »die almb das Rheinthall genannt« seit 1483 ununterbrochen durch das Tiroler Forstmeisteramt bzw. das Gericht Hörtenberg (Imst) an Tiroler Untertanen verliehen worden sei. Im Urbar dieses Inntaler Gerichts sei die Alm auch mit einer jährlichen »Gilt von 18 Kreuzern von alters her eingetra-

gen«. 1560 hätten »Kaspar und Hans die Neuner aus der Loydasch« als Inhaber dieser Alm den Partenkirchnern zweimal ganz rechtens drei Pferde von dort »hinweckh pfänndten« lassen. Am 6. Oktober 1600 habe der Mittenwalder Wirt und Ratsherr Kaspar Schlaucher »als ein Extraneus« beim Verkauf der Alm nicht seine werdenfelsische Obrigkeit aufgesucht, sondern »den Brieff bey der Herrschaft Hörttenberg aufrichten lassen«.
1679 hätten etliche Garmischer bei dem damaligen Inhaber der Alm, dem Wirt Georg Witting in Pettnau, um die Erlaubnis zum Holzhieb nachgesucht. Und schließlich seien »in oftbesagtem Reinthall zue Khriegs: und Friedens-Zeitten die Militär: und Sterb-Huets wachten jederzeit aufgestellet, und von denen Tirolischen Pässen Loydäsch und Schärnitz die erforderliche Mannschaft dahin abgeordnet worden«.
Aus allen diesen Beispielen leitete man für Tirol nicht nur das Weiderecht und die Forstgerechtigkeit, sondern auch die Landeshoheit im Reintal ab. In enger Zusammenarbeit mit dem Pflegeamt Werdenfels und dem Markt Partenkirchen setzten sich die Behörden des Hochstifts Punkt für Punkt mit der Innsbrucker Argumentation auseinander:
Die so genannte »alben, das Reinthall« sei in den alten Schriften meist nur als »älbel im Reinthall« bezeichnet worden. Keineswegs könne man darunter das ganze Reintal »vom plattach bis an den schachen« verstehen. Dass diese Alm seit über 200 Jahren in der Hand von Tiroler Untertanen sei, werde nicht bestritten. Damit könne man zwar das Weiderecht beanspruchen, aber nicht die Landeshoheit.
An dem Argument vom Holzschlag 1679 ließen die Juristen des Hochstifts kein gutes Haar: Gabriel Pischl und seine vier »Consorthen zu Gärmisch« hätten zwar tatsächlich bei Georg Witting um die Erlaubnis nachgesucht, »ist aber pur allain beschechen, weinen ihnen von Werdenf. Waldtmeister-Ambt dergleichen Holzschlag nit bewilligt worden, sye sich jedoch daryberhin aigen gewaltt angemaßet, und in dem Reinthall 270 stämb gehockht, wonach sye glaublich gesuecht haben, mit solcher beygebrachter verwilligung des Witting der verdienten straff zu entgehen. Der Witting aber hätte sich so weit nit verlaithen lassen sollen, inderne er wohl

Blick vom Reintal zum Gatterl, dahinter liegt schon Tirol.

gewußt, daß ihme vom Holzschlag ein ringstes nit zuestehet!« Dies habe der Alminhaber 1681 bei einem Lokaltermin auch öffentlich bekannt. Die fünf Missetäter, die dem Werdenfelser Interesse grob zuwidergehandelt hatten, seien damals »behörig abgestrafft worden«. Auch habe man »ihnen alles gehilz abgenohmen und denen Partenkhürchnern aufzuarbeithen überlassen«.

Beachtlich sind die Ausführungen der Hochstiftsbeamten zum Thema Grenzverlauf und Wetterstein: Niemand könne bestreiten, »daß das Landt-March ainsmahls ao 1500 auf den wetterstain bestimmt (worden), also kann man von erdeuttem Wetterstain so lang und so viel nit mehr abweichen, als lang der seinen namen beibehaltet, oder bis erwiesen wirdt, daß durch weittere Verträg und receß ain anders gemacht worden ...« Es habe sich erübrigt, »andere Verträg zu errichten, in deme der Hoche Wetterstain an sich selbsten ain richtiges unumbstößliches March seye, mithin man vor zeitten nichts wenigers gedenckht haben würdt, als daß sich bey ewige Welt-Zeitten diesfalls aine strittigkeit ereignen sollte können«.

Dann rückt der Verfasser dieser Amtsvorlage sogar mit einer kleinen philosophischen Kritik seiner Zeit heraus: »... ist es dahero nit unbillich zu verwundern, daß zu jetzigen Zeitten sogar dergleichen Marchungen bestritten werden wollen, so Gott und die natur des Berges selbsten gesetzet hat, weiche doch in ersten Weit-Zeitten bey verthailung der Landtschafften und gebürge am allermeisten und zwar ganz löblich für die gröniz öffters ausgesucht worden, wie es heut zu Tag sowohl umb hiesige gegendt, als auch an andern orthen die Erfahrung genuegsam gibt!«

Das Freisinger Fazit: Die Alm unter dem Zugspitzplatt ist mit der Grundherrschaft dem Gericht Hörtenberg im Inntal unterworfen. Der Gegenseite steht aber keineswegs die Forstgerechtigkeit im Reintal zu und die Landeshoheit schon gar nicht: »Es ist deine ganz nit also, daß die Almb Reinthall intra limites der Fürstl: Grofschaift Tyroll entlegen wäre!«

Josef Brandner (Jahrgang 1943), Volksschullehrer und Heimatkundler, gründete 1990 den Heimatverein »Forcheida« in Farchant

Bau der Knorrhütte

Chronik der Alpenvereinssektion München

Das Bedürfnis nach einer dem Gipfel näher liegenden Hütte mehrte sich durch die häufiger erfolgenden Besteigungen der Zugspitze; bisher übernachteten die Ersteiger in der Schafhütte am Anger oder im Freien. Im Jahre 1855 wurde auf Betreiben des hiefür unermüdlich wirkenden Forstmeisters Pitzner von Partenkirchen sowie des Professor Dr. Sendtner-München durch Maurermeister Resch in den Blockhalden nahe der Quelle »beim guten Wasser« eine einfache Hütte erbaut, welche auf 260 Gulden (445, 71 M.) zu stehen kam. Sie erhielt ihren Namen nach einem Münchner Bürger, Angelo Knorr, welcher sich bereit erklärt hatte, einen Theil der Baukosten zu tragen. Ruthner, welcher gelegentlich seiner Besteigung der Zugspitze hier nächtigte, beschreibt ihren Zustand vom September 1865 in dem oben citirten Artikel im Jahrbuch des Österreichischen Alpenvereins [wahrscheinlich Jahrbuch III von 1867] folgendermassen:

»Die Hütte steckt mitten in den Steinklippen; nach N. an eine Steinwand gerückt und westlich von einem hohen Felsstück in nächster Nähe überragt, hat die Steinhütte eine Thüre und beiderseits je ein kleines Fenster nach Süden. Rechts von der Thüre befindet sich zunächst der Herd, darüber ein Rauchfang, links gegenüber ein Mauerkasten und unter ihm ein aufklappbarer Tisch; der rückwärtige Theil endlich ist der Quere nach um ein paar Schuh über den Boden des vordern Theiles erhöht, um als Lagerstätte zu dienen. Die Hütte ist zweckmässig erbaut, ein Muster für ähnliche Bauten.«

Bezüglich des etwas euphemistischen Schlusssatzes ist zu berücksichtigen, dass die Hochtouristen von damals sehr bescheidene Anforderungen an Unterkunft stellten. Übrigens erwähnt Ruthner doch, dass das Regenwasser vom Dache auf das mit nur wenig Heu ausgestattete Lager floss. Das Hüttenbuch war erst seit einigen Jahren angelegt, aus ihm constatirte

Ruthner den Besuch von Gottlieb Studer und des Baron Lerchenfeld (des ersten im Gebirge verunglückten Müncheners). Späterhin verschlechterte sich der Zustand der Hütte und sie diente häufig als Unterkunft der an den Hängen des Platt weidenden Schafe, die das in ihr aufgestapelte spärliche Heu als Proviantdepot benützten. Auch die früher und ab und zu noch in späterer Zeit als Nachtlager benützte Schafhütte am Anger bot keinen viel besseren Aufenthaltsort. Die Knorrhütte war auch deshalb vorzuziehen, weil sie erheblich höher gelegen war und man, an ihr angelangt, den Anstieg zur Hütte hinter sich hatte, dessen zweistündiges »mühsames« Klettern Ruthner als das anstrengendste Stück der Zugspitz-Ersteigung bezeichnete.

So war der Zustand der Unterkunft an der Zugspitze noch, als sich die Section München gründete, und es war erklärlich, dass an eine Verbesserung gedacht wurde, um den Besuch des Gipfels zu heben. [...] Im dritten Vereinsjahre der Section München genehmigte sodann die Monatsversammlung vom 26. Juli 1872 den Umbau der Knorrhütte unter Annahme einer Bausumme von 620 fl. [Florentiner Gulden]und der C.-A. bewilligte eine weitere Subvention von 150 fl. Nachdem die Vorarbeiten noch im gleichen Jahre erledigt worden waren, begann der Bau im Sommer 1873, jedoch erst im Juli, da noch im Juni tiefer Schnee das hintere Reinthal versperrte. Schon am 10. August konnte die Hütteneröffnung stattfinden, an ihr betheiligten sich 32 Personen. Die Hütte war wesentlich erneuert und erweitert worden und bot nun für 12 Personen Unterkunft; ausserdem befand sich unter dem Dache ein für Führer eingerichteter und jederzeit auch ohne Schlüssel zugänglicher Raum. Der Bau hatte nebst Einrichtung, von welcher eine grösserer Theil auch geschenkt worden war, 834 fl. (1429,72 M.) gekostet; hievon wurde gedeckt rund je ein Viertel aus der Sectionscasse und den Subventionen des Gesamtvereins, die übrige Hälfte aus freiwilligen Beiträgen der Mitglieder.

Die Knorrhütte, die älteste Alpenvereinshütte, im Wandel der Zeit.

Die alte Reintalanger-
hütte, im Hintergrund
der Kleine Kirchturm
und die Gamskarspitze.

Bau der Reintalangerhütte (heutiger Winterraum)
Chronik der Alpenvereinssektion München

Im Jahre 1880 wurde von der Section München bezüglich Hüttenbauten im Wetterstein der Beschluss gefasst, die Erbauung einer einfachen Unterkunftshütte am Oberen Anger in Angriff zu nehmen.
Die Gemeinde Partenkirchen beabsichtigte ursprünglich eine Alpenblockhütte zu erbauen und offerirte der Section, gegen Bezahlung eines entsprechenden Theils der Kosten die Hütte grösser bauen zu wollen als es für Gemeindezwecke nothwendig sei, wobei die Hütte den Touristen zur Mitbenützung offen gehalten werden solle. Nach einigen Unterhandlungen verzichtete die Gemeinde Partenkirchen auf die Ausführung des Baues, überliess dagegen in dankenswerther Unterstützung der Sectionsbestrebungen den Platz und das nöthige Bauholz unentgeltlich der Section, welche den Bau der Hütte sofort in Angriff nahm und mit der verhältnismässig geringen Summe von 536,70 M. beendigte. Es wurde beschlossen, mit Beginn der Reisezeit i.J. 1881 die Hütte zur ausschliesslichen Benützung für Touristen zu eröffnen.
Die Section verhehlte nicht, dass eine unabweisbare Nothwendigkeit, an diesem Platze eine Hütte zu errichten, nicht bestanden habe. Von der Ansicht ausgehend, dass kurz vor dem Beginn des steilen Anstieges zur Knorrhütte und bei der weiten Entfernung des Ausgangspunktes ein Ruhepunkt sehr erwünscht sein werde, empfahl sich jedoch der Bau einer Hütte auf dem Anger. Dadurch war die Möglichkeit gegeben, die Zugspitze auch dann am nächsten Tage zu erreichen, wenn durch plötzlich eingetretenes Unwetter oder wegen verspäteten Aufbruches der Aufstieg zur Knorrhütte am ersten Tage nicht mehr ausführbar sein sollte.
Am 14. August 1881 fand die festliche Eröffnung der neuerbauten Angerhütte im hinteren Rainthal und der vergrösserten Knorrhütte, sowie die Begehung der neuen oder verbesserten verschiedenen Wege statt. Die

Feier, an welcher 46 Herren und 5 Damen theilnahmen, verlief in ebenso schöner als gehobener Stimmung. Alle Anwesenden äusserten sich in lobender Weise über den Bau der traulichen Angerhütte, die in praktischer Weise ausgeführte Vergrösserung der Knorrhütte und die zweckmässigen Weganlagen.

Die Angerhütte erhielt die Form eines Blockhauses, dessen Grundfläche ein Rechteck von 4,40 m und 5,30 m Seitenlänge bildet. Der Innenraum besteht aus zwei Theilen: dem Schlafraum mit vier bequemen Liegestätten und dem Koch- und Wohnraum, in dem sich ein kleiner Kochofen, Klapptische, Bänke, ein Kasten und die entsprechenden Einrichtungsgegenstände befinden. Unter dem Dache ist ein Heulager angebracht. Die Gesamtkosten der Angerhütte betrugen ohne Einrichtung 536,70 M. Die Einrichtung wurde von einigen nicht genannt sein wollenden Mitgliedern zum Geschenke gemacht.

Im Jahre 1973 musste die erste Reintalangerhütte völlig abgerissen, und durch eine neue Blockhütte (heutiger Winterraum) ersetzt werden.

Destouches' vergessene Verse

Adolf Triller

Im Reintal des Wettersteingebirges, etwa zwanzig Minuten hinter der Bockhütte, findet man eine »Quelle, welche in mehreren Adern aus dem moosbedeckten Boden bricht, die Sieben Sprünge genannt. Hier hält man gewöhnlich Rast, zu welcher eine Ruhebank bei einem Felsblock einladet, welch' letzterer auf einem Blechschild ein Gedicht von Ernst von Destouches ›An den Wanderer‹ trägt«.

Halte Rast, Du fröhlicher Geselle,
Der Du dem höchsten Ziele strebest zu!
Es lädt der Felsen, es lädt die Quelle
Dich ein zu süßer, träumerischer Ruh.
Hier kann Dein Aug' und Herz zugleich genießen
Die wunderbare Schönheit der Natur,
Hier kann sich ins Unendliche ergießen,
Das sonst gebannt an engen Umkreis nur.
Und hast Du Dir gestärkt hier Geist und Glieder
Hat Dich ein Trunk aus diesem Born erquickt,
Dann greife frisch zum Wanderstabe wieder,
Und zieh dahin beseligt und beglückt.
Steig kühn hinan zur höchsten Wart' und Zinne,
Die weithin schaut ins deutsche Land,
Und wenn Dich dort umwehet Gottesminne,
Dann bete für Dein schönes Heimatland!

Diese Zeilen aus Heinrich Schwaigers Führer durch das Wettersteingebirge von 1893 standen am Beginn einer intensiven Suche nach dem vollen Wortlaut dieses Gedichtes. Mehr als 100 Jahre Wind und Wetter hatten

dem lackierten Eisenblech übel mitgespielt, die Hälfte der Buchstaben war längst mit dem Rost zerfallen und ohne Heinrich Schwaigers Hinweis wäre auch der Name des Dichters verweht »wie Schall und Rauch«.
Geboren am 4. Januar 1843, lebte Ernst von Destouches als Stadtarchivar, Dichter und Schriftsteller bis zu seinem Tod am 24. April 1916 in München. Er gründete 1874 das »Münchner Städtische Historische Museum«, das spätere »Münchner Stadtmuseum«, und verfasste eine Flut von verschiedenartigen Dichtungen, die zum großen Teil in seinem einzigen veröffentlichten Gedichtband »Aus der Jugendzeit« (München 1866) zusammengefasst sind.
Destouches war offensichtlich kein Alpinist, und so verlief die erste Suche in der AV-Bibliothek absolut ergebnislos. In der »Geschichte der Alpenvereins Section München« aus dem Jahre 1900 wird auf Seite 288 das »Anbringen einer Ruhebank an der Quelle zu den sieben Sprüngen im Rheintal« im Jahre 1883 erwähnt. In der Bayerischen Staatsbibliothek fanden sich immerhin die Lebensdaten Destouches und vor allem das Büchlen »Aus der Jugendzeit«. Große Enttäuschung – unter den über hundert Gedichten fehlte ausgerechnet der gesuchte Text. Weder in der Münchner Monacensia-Bibliothek noch in der Stadtbibliothek am Gasteig konnte das Gedicht des reichlich unbekannten Dichters ausfindig gemacht werden. Dem Münchner Stadtarchiv fiel letztendlich der rettende Hinweis ein, in dem Nachlass von Destouches befanden sich auch bisher nicht veröffentlichte Werke. Was wenig später folgte, glich einer Zeitreise in das 19. Jahrhundert. Unzählige handschriftliche Manuskripte und Gedichte, Gedichte, Gedichte! Ein Paket trug den Vermerk »Für die liebenden Vögelein«, an anderer Stelle eine »Liste derjenigen, die mich nicht mehr grüßen« – kleine braune Flocken rieselten aus den vergilbten Papierstapeln. In einem festen Karton fielen eingefasste Bücher auf – Hunderte von handschriftlichen Gedichten, vielleicht zur Veröffentlichung gedacht, ordentlich durchnummeriert und mit Inhaltsverzeichnis – welch' riesige geistige Leistung, vielleicht ein ganzes Lebenswerk verkümmert hier in den Tiefen eines Archivs, so auch das Gedicht »An den Wanderer – für die

Marmortafel an der Quelle zu den sieben Sprüngen im Rainthal«. Welche Geschichte sich hinter dieser Gedichtstafel verbirgt, warum sie schließlich nicht in Marmor, sondern nur als Blechschild aufgestellt worden war – man wird es vermutlich nie erfahren.

ADOLF TRILLER (*6.9.1937), freiberuflicher Ingenieur, Bergsteiger, Höhlenforscher und Kajakfahrer, Kenner vieler schwieriger Wettersteinwände

Zum Materialtransport für den Bau der Telefonleitung zur Zugspitze war ein Heer von Helfern nötig.

Telefonleitung auf die Zugspitze

Chronik der Sektion München

In den Jahren 1891 und 1892 waren auf zwei Unterkunftshäuser der Section, Watzmannhaus, 1927 m, und Herzogstandhaus, 1575 m, Telephonverbindungen hergestellt worden, welche sich für den Betrieb als ausserordentlich förderlich erwiesen. Als der Refererent A. Wenz der Section München die Pläne des Münchner Hauses auf der Zugspitze zu verantworten hatte, setzte er sich sogleich mit dem erfahrenen Telegrafen-Fachmanne Oberingenieur G. Beringer in Verbindung, bezüglich eines Telephonbaus auf die Zugspitze.
War eine telephonische Verbindung schon für den seinerzeitigen Betrieb der drei an der Zugspitz-Route liegenden Unterkunftsstätten von Bedeutung, so erschien es dem Referenten noch von besonderer Wichtigkeit, sie noch vor Beginn des eigentlichen Baues auf den Bauplatz, die Zugspitze, anlegen zu lassen, da die Möglichkeit jederzeitiger mündlicher Verständigung die Disposition des Transports von Materialien, wie überhaupt die Bauleitung wesentlich erleichtern musste.
Die bisherigen Hoch-Telephonanlagen waren zum grössten Theile durch Wald geführt, was die Anbringung der Leitungsdrähte erleichterte; die grösste erreichte Meereshöhe, am Watzmannhause, hatte 1927 m betragen. Hier aber handelte es sich um gänzlich veränderte Verhältnisse. Diese Leitung war auf eine Länge von 6 Kilometer in Fels- oder Schuttterrain anzulegen und musste vorher eine lange Strecke durch einen Thalboden geführt werden, der schon wiederholt durch meteorische Ereignisse geschädigt worden war. Ausserdem war in der oberen Region ein Gletscher zu überschreiten, und wie sich die Leitung gegenüber den Witterungsverhältnissen des Winters und noch gefährlicheren Frühjahrs in der Höhe von 2 bis 3000 m bewähren würde, das war nicht mit Sicherheit vorauszusagen. Aber Oberingenieur Beringer ging mit dem ihm eigenen

jugendlichen Feuereifer auf den Plan ein und führte ihn, seiner reichen Erfahrung entsprechend, glänzend durch.
Am 12. August 1896 war der Bau des Telephons in der Section beschlossen worden, am 17. begannen die Arbeiten in Partenkirchen, 716 m, und schon nach zwei Wochen war in der Angerhütte, 1368 m, die erste Sprechstelle eingerichtet, am 8. September eine weitere in der Knorrhütte, 2051 m, und am 18. war die Leitung bis auf den Bauplatz am Gipfel vollendet, was mit Hilfe eines mitgenommenen Apparates nach München erzählt werden konnte. Diese rasche Herstellung verdient wohl alle Anerkennung.
Von der Post in Partenkirchen weg war die Leitung zunächst 1 km längs jener nach Vordergraseck gelegt und bestand aus 2 mm starkem Broncedraht, an dessen Stelle vom Zufluss des Ferchenbaches ab 3 mm starker verzinkter Gusstahldraht verwendet wurde. Bis zur Angerhütte konnten die Leitungsdrähte an geeigneten starken Bäumen befestigt werden, bei den weiten Spannungen über die Lawinengräben zunächst dem Partnach-Wasserfall waren Tragstangen angewendet worden. Von dieser Hütte ab geht die Baumregion rasch zu Ende. Es wurden daher an den ab und zu aus den Latschen und dem Geröll hervorragenden Felsköpfen in eingemeisselte Löcher die 2–3 m langen Träger eingesetzt, welche aus 63-mm weiten, oben geschlossenen eisernen Röhren bestehen. In ähnlicher Weise wurde auch die Leitung von der Knorrhütte ab fortgesetzt, der Schneeferner wurde sodann in einer Weite von 400 m überspannt. Bei allen Spannungen wurden, dem Rauhfrost Rechnung tragend, möglichst tiefe Senkungen eingehalten.
Bald nachdem die Leitung bis zum bisher nur ausgesprengten Bauplatz des Gipfelhauses durchgeführt war, trat schlimmes Wetter und Schneefall ein, so dass die Arbeit für dieses Jahr eingestellt werden musste. Wie sich die Leitung in dem Winter in dieser Hochregion bewähren würde, das dürfte damals wohl Manchem Sorge bereitet haben, der sich für die Sache interessirte. Aber erfreulicher Weise erwiesen sich, als die Strecke im Frühjahr 1897 nach der Ausaperung begangen werden konnte, die Schä-

digungen verhältnismässig gering, obwohl die in der ungewöhnlich hohen Lage herrschenden Kälte und die Stürme ein Anderes hatten befürchten lassen. In der Waldregion war die Leitung einige Male durch Unvorsichtigkeit beim Holzfällen zerrissen worden, zwei eiserne Träger hatte der Blitz getroffen. Ausserdem waren einige Isolirglocken durch Steinglocken beschädigt worden.

Da die grosse Spannweite von 400 m vom Platt über den Schneeferner zur gegenüberliegenden Sandreisse nach reiflicher Erwägung als doch unter Umständen bedenklich erschien, wurden später hier Röhrenständer in das Eis hineingetrieben und mit dem daraufliegenden Steingeröll fest durch Cement verbunden.

Die Gesamtlänge der Leitung beträgt 21 km, nämlich

von Partenkirchen am Telephongestänge	1,0 km
bis Obergraseck und zum Ferchenbach	3,7 km
vom Ferchenbach zur Angerhütte	10,2 km
von der Angerhütte zur Knorrhütte	2,5 km
von der Knorrhütte zum Gipfelhaus	3,6 km

Die gesamte Leitung wurde am 20. October 1897 dem Betriebe übergeben, die Section trug die Kosten der Anlage und für die Zeit bis Ende 1898 auch jene der Instandhaltung, was zusammen 5439,54 M. erforderte.

Hinsichtlich des Blitzschutzes ist zu erwähnen, dass dieser bei den Sprechstellen Angerhütte und Knorrhütte durch Verbindung mit den dortigen Quellflüssen hergestellt ist. Auf dem Gipfelhause dient zur Bodenleitung die vom Dachfirste bis zum Hammersbach im Höllenthal vom Referenten Wenz angelegte, aus einem Drahtseil bestehende Blitzleitung, die mit Blitzschutzvorrichtung des Apparates verbunden ist.

Diese gute Boden-Rückleitung wirkt auf die telephonische Verständigung sehr günstig ein; Gespräche von München mit dem Haus auf der Zugspitze sind thatsächlich oft leichter verstehen als Telephon-Gespräche in München selbst, und es mag beigefügt werden, dass z.B. gelegentlich das Spiel eines Harmoniums im Münchner-Haus sogar in der Station Watzmannhaus und in Frankfurt a.M. deutlich gehört wurde.

Für die Durchführung dieser sowohl der Section als den allgemeinen touristischen Interessen höchst nützlichen Telephonanlage darf Oberingenieur Beringer des dauernden Dankes der Section sicher sein, aber auch Obertelegraphenwärter Achthaler und die wackeren Arbeiter verdienen vollsten Dank für ihre schwierigen Leistungen, die ihnen mancherlei Entbehrungen während der Arbeit auferlegten.
Die Anlage hat sich bisher vortrefflich bewährt. Grössere Bedeutung als für die Touristik wird aber das Telephon zur Zugspitze seinerzeit für die wissenschaftliche Bestrebungen gewinnen, wenn einmal auf diesem Gipfel eine meteorologische Station I. Ranges errichtet ist, wie dies im Jahre 1900 bevorsteht.

Der Reintaler Hof

Peter Schwarz

»Taghell lag die Vollmondnacht über dem Felsengrund. Im knisternden Schnee stieg ich ein Stück hangaufwärts, das feierliche Bild zu überschauen. Den Hof zu Füßen, sein Dach unter der Schneelast vergraben. Das verträumte Kapellchen, über das die Äste der frostglitzernden alten Bäume ein Netzwerk von Schatten warfen. Die Wände gegenüber schreckhaft nah im bleichen Mondlicht ...« So schrieb der Schweizer Schriftsteller Walther Siegfried schwärmerisch in seinen Lebenserinnerungen über die Sylvesternacht 1888/89, die er mit den zwei Malern Ernst Kreidolf und Wilhelm Balmer auf dem alten Reintaler Bauernhof verbrachte. Nicht nur die großartige Einsamkeit des Hofes zog die drei »Herren« damals in das Reintal, sondern wohl auch eine junge und hübsche Garmischerin, die dort als Dirn arbeitete und als »Veva« in die Literatur einging.

Die Einöde Reintal bestand bereits vor 1640, gehörte ursprünglich zum Gericht Mittenwald und gelangte im 18. Jahrhundert als Lehen zum Kloster St. Anton über Partenkirchen. 1741 erhielt der Hof sein späteres Aussehen, wie es Walther Siegfried vorfand. Nachdem im 19. Jahrhundert mehrfach die Besitzer gewechselt hatten, erwarb 1880 der evangelische Hofprediger Adolf Stoecker aus Berlin das gerade zum Verkauf anstehende Gebäude zusammen mit den dazugehörigen Grundstücken. Stoecker war nach dem Besuch der Oberammergauer Passionsspiele während einer Bergtour auf das Anwesen aufmerksam geworden.

Den Wirtschaftsbetrieb führten nun Verwalter und Pächter weiter. Stoecker selbst verbrachte alljährlich einige Wochen im Sommer auf dem Hof. Da ihn hier regelmäßig viele seiner Freunde und Verehrer aufsuchten und der Platz im Bauernhaus zu klein wurde, kam Stoecker auf die Idee, ein »Christliches Hospiz zur körperlichen und geistigen Erholung«

Der Reintaler Hof hat schon bessere Zeiten gesehen.

zu gründen. 1898 entstand nordöstlich des alten Hofes das neue »Hospiz Reintaler Hof«. Es diente erholungsbedürftigen Gästen aus Berlin als Sommeraufenthalt. 1906 folgte unmittelbar westlich hinter dem Hauptbau die Errichtung eines zweiten Gebäudes, in dem ein großer Speisesaal untergebracht war. Viele bedeutende Persönlichkeiten besuchten vor dem Ersten Weltkrieg das Hospiz, z.B. auch Cosima Wagner.

Adolf Stoecker starb im Februar 1909. Er war eine große, aber auch umstrittene Persönlichkeit. 1878 hatte er die »Christlich-Soziale Partei« gegründet und als Theologe 22 Jahre ein Mandat im Deutschen Reichstag inne, andererseits scheute er sich nicht, häufig in seinen Reden antijüdische Hetztöne anzuschlagen (1935 zu seinem 100. Geburtstag feierten ihn die Nationalsozialisten als »Vater des Antisemitismus«).

Den durch weitere Grundstücksankäufe auf über 40 ha angewachsenen Besitz übernahm der Schwiegersohn Stoeckers, der Reichtagsabgeordnete Reinhard Mumm. Er führte das Hospiz im Sinne des Gründers weiter. 1923 kam es zur Teilung. Während der alte Hof weiterhin im Familienbesitz blieb (und 1933 an die Bayerische Staatsforstverwaltung veräußert wurde), erwarb der Unternehmer Georg Frey aus Dillingen das Hospiz. Nach Umbau entstand daraus die »Gaststätte und Pension Reintaler Hof«. Ein kleines Elektrizitätswerk an der Partnach sorgte nun für elektrischen Strom.

Am 27. September 1925 um 4 Uhr früh brach aus ungeklärter Ursache im 1. Stock ein Brand aus, der das Gebäude bis auf die Grundmauern zerstörte. Alle Einwohner – zum Glück waren nur wenig Gäste im Haus – konnten sich retten. Der Verwalter schaffte es gerade noch, das Telefonamt in Partenkirchen von dem Brand zu informieren. Vom Tal aus alarmierte man die Grasecker Bauern, die sofort zu Hilfe eilten, aber nur mehr ein Übergreifen des Feuers auf das Nebengebäude verhindern konnten. Der Besitzer des Gasthauses, Georg Frey, hielt sich am Brandtag in München auf, wo er das Oktoberfest besucht hatte. Bei der Heimfahrt im Zug redeten die Leute von einem Brandunglück. Auf näheres Befragen erfuhr er dann, dass der Reintaler Hof abgebrannt sei.

Der Wiederaufbau begann im April 1926. Nach den Plänen von Prof. Alois Frey aus Nürnberg, einem Bruder des Eigentümers, entstand ein »Bauwerk nach Südtiroler Art« mit der Hauptfront nach Süden, mit Arkaden und Veranden, einem flachen Schieferwalmdach und um das Haus laufenden Balkonen. Im Innern des neuen »Alpenhotels Reintaler Hof« standen neben einem großen Speisesaal und einem Gesellschaftsraum 18-Zimmer mit 32 Betten zur Verfügung mit Zentralheizung, elektrischem Licht und fließend kaltem und warmen Wasser. Die beachtliche Baumaßnahme erforderte allein 1300 Zentner Zement, der mit vier Muli von Partenkirchen heraufgeschafft wurde. Das Bauholz schnitt man im nahen Wald in einem eigens dafür errichteten elektrischen Sägwerk. Zwölf Ochsen waren notwendig, um den neuen, 45 Zentner schweren Generator im Winter bis zu seinem Standort im Reintal zu ziehen.
1929 ging das Alpenhotel in den Besitz des Deutschen Metallarbeiterverbandes (Vorläufer der IG Metall) in Berlin über. Vorher hatte Georg Frey vergeblich versucht, die Gemeinde Partenkirchen zum Bau einer neuen Straße über den Kochelberg zu bewegen, um damit die Versorgung des Hotels zu vereinfachen.
Während des Dritten Reiches gehörte der Reintaler Hof zur »Deutschen Arbeitsfront«, der von den Nationalsozialisten aufgestellten Nachfolgeorganisation für die verbotenen freien Gewerkschaften. Das Alpenhotel war nun Ziel von KdF-Reisen. Während des Krieges suchten die Belegschaften von norddeutschen Munitionsfabriken hier Erholung. Nach dem Krieg wohnten eine Zeitlang Polen in dem Gebäude, bis es 1952 mit der Postanschrift »Reintal 2« wieder an die Industriegewerkschaft Metall zurückging. Danach erfolgte ein letzter Umbau des Gebäudes. Es verlor sein flaches Schieferdach, die Bettenzahl wurde auf 45 erhöht.
1960 erwarb die IG Metall von der Staatsforstverwaltung den alten Bauernhof, um ihn 1963 wegen Baufälligkeit abzubrechen.
Das Ende für das Erholungsheim im Reintal kam nach dem schneereichen Winter 1981/82. Die hohen Gebäudekosten und die Unterhaltskosten des Zufahrtsweges, vor allem die jährlichen hohen Reparaturkosten am

»Hohen Weg« zur Partnachalm herauf, aber auch das nachlassende Interesse am Reintaler Hof waren die wichtigsten Gründe für die Betriebseinstellung im Oktober 1982.
Über 250 Jahre als Bauernhof in heute kaum mehr vorstellbarer Einsamkeit, dann 27 Jahre evangelische Erholungsstätte, von 1923 bis 1929 (mit Unterbrechung während des Wiederaufbaus nach dem Brand) eine öffentliche Gaststätte, um dann über 50 Jahre bis zur endgültigen Schließung als Betriebserholungsstätte zu dienen – das ist die wechselvolle Geschichte einer Einöde in einem der großartigsten Alpentäler.

PETER SCHWARZ (*27.7.1945), Elektroniktechniker, Verfasser mehrerer heimatkundlicher Bücher über das Werdenfelser Land

Gruppenbild mit Damen – die Hoch-Emporler bei der Einweihung ihrer Hütte.

Neue Hütte für den Münchner »Alpinen Club Hoch Empor«

Charly Wehrle

Seit Bestehen des Kletterklubs »Hoch Empor« war es der Wunsch der Mitglieder gewesen, eine eigene Hütte zu besitzen. In keinem anderen deutschen alpinen Verein waren damals so zahlreiche wohlklingende Mitgliedsnamen zu verzeichnen. Nur die bekanntesten will ich hier aufzählen: die Kaiser-Erschließer Paul Diem und Karl Schüle, die Jorasses-Leute Leo Rittler und Hans Brehm, Oberreintalkenner Heini Schneider und die Gebrüder Theato, die Matterhorn-Nordwand-Bezwinger Franz und Toni Schmid, Hüttenwirt Franz Fischer, Ortler-Nordwand-Erstbegeher Hans Ertl, Eiger-Mann Anderl Heckmair und der Mann von der Civetta-Nordwand, Emil Solleder. Das bevorzugte Gebiet für einen eigenen Alpinstützpunkt war eigentlich das Spitzing-Gebiet, doch dort war kein Grundstück aufzutreiben. Da fiel die Wahl auf das Reintal. Nahe der Weggabelung Oberreintal – Reintal stand schon früher eine Hütte, jedenfalls gab es noch Überreste von verfaulten Balken und herumliegende Steinen, etwa 200-Meter westlich der heutigen Bockhütte der Weidegenossenschaft Partenkirchen. Das Forstamt Garmisch-Partenkirchen kam dem Wunsch der Hoch Emporler wohlwollend entgegen, und so begann im Jahre 1921 der Bau. Besondere Schwierigkeiten bereiteten das Fällen des Bauholzes, das Tragen der Fußbodenbretter und der Transport des gesamten Baumaterials in dreistündigem Marsch durch die Partnachklamm. Mitten in die Bauphase platzte die Zeit der Inflation, gleichzeitig kam es auch noch zu Unstimmigkeiten innerhalb des Clubs. Die relativ lange Bauzeit 1921–1925 lässt sich hierdurch erklären. Nur der eiserne Wille und die große Opferbereitschaft der einzelnen Mitglieder in finanzieller und zeitlicher Hinsicht brachte die von den Gebrüdern Neuner aus Partenkirchen aufgestellte Hoch-Empor-Hütte zur Vollendung. Im Sommer 1925 feierten dann die Hoch Emporler die Einweihung ihrer Hütte.

Das Holztriften in der Partnachklamm auf einem Holzstich aus dem 19. Jahrhundert.

Das Holztriften in Partenkirchen

Eduard Rock

»Wenn 's Mailüfterl weht,
Freut sich jedermann,
Wenn der Schnee vergeht
Geht das Triften an«

singt der Holzer oder auch nicht, weil ihm sonst seine Pfeife ausgeht. Im Frühjahr werden alljährlich vom Forstamt den Holzberechtigten die Bäume im Wald zum Schlagen zugewiesen – nach zutreffender Gebühr an Brenn- und Bauholz. Man spricht hier beim Brennholz von Berg- und Wasserholz. Das erstere wird an Ort und Stelle bearbeitet, in Festmetern aufgestapelt und nach Prüfung durch Forstbeamte mit Schlitten oder Wagen zu Tal und heimgebracht. Das andere, das im Rein- und Ferchenbachtal geschlagene Holz, wird durch Triften heimgeschafft. Nach Fällen der Bäume werden die Stämme in Prügel von 1-Meter Länge zersägt und dann zu Tal »g'wörglt«, wie der Ausdruck für diese Arbeit lautet; das heißt mit Hilfe der Axt oder des Grieshakens den Berghang heruntergerollt oder gezogen, wie es eben das Gelände nötig macht. Frühmorgens werden dann diese Holzprügel in die Partnach oder in den später in diese mündenden Ferchenbach geworfen und auf solche Weise talwärts geschwemmt. Wenn auch infolge der Schneeschmelze der Ferchenbach und die Partnach stärkeres Wasser führen, muss doch unterwegs fleißig nachgeholfen werden, indem mit langen, hakenbewehrten Stangen (Grieshaken) am Ufer oder bei im Wasser anfragenden Steinen sich anstauende Hölzer auseinander- und fortgestoßen werden.
In der Mitter- und Hinterklamm im vorderen Reintal, in früheren Zeiten auch in der Partnachklamm, als noch kein Weg durchführte, wurde und

wird zu diesem Zweck ein Mann mit Seil auf einer Art von Stuhl von oben heruntergelassen. Zum Schutz gegen Steinschlag ist dieser Stuhl mit einem Dach versehen. Die Arbeit in den Klammen, aber auch außerhalb derselben ist schwer und gefährlich. Am 21. Juli 1853 verunglückte durch Sturz der 22-jährige, ledige Bürgerssohn Johann Martin Grasecker und war sofort tot. – 1875 am 26. Juni ist der 30-jährige ledige Weber Josef Weiß von hier bei der Holztrift ertrunken. – Ein Marterl, welches noch in der Wildenau an der Straße zur Partnachklamm an einer Weggabelung steht, erzählt, dass am 23. Juni 1891 der im 30. Lebensjahr gestandene, verheiratete Anton Fütterer von hier bei der Triftarbeit in der Partnach den Tod gefunden hat.

Ein lebensgefährliches, aber glücklich ausgegangenes Erlebnis in den fünfziger Jahren des 19.-Jahrhunderts mag hier noch erwähnt werden. Jakob Lidl von Partenkirchen wurde in der Partnachklamm zum Fortstoßen der sich stauenden Holzprügel von oben herabgelassen. Als Lidl knapp über dem Wasser angekommen war, riss das Seil. Kurz und rasch entschlossen zog er sich je einen Prügel unter die Achseln und versuchte nun auf diese Weise gegen heranstoßendes Holz geschützt, schwimmend und watend die wilden Wasser zu überwinden. Außerhalb der Klamm gelang es ihm auch, ans Land zu kommen und den Uferrand zu erklimmen. Lidl konnte für seine Errettung aus dem Wellengrab Gott nicht dankbar genug sein.

Damit nun keine Verwechslung des Holzes der am gleichen Tag nach vorher gepflogener Vereinbarung triftenden Holzberechtigten vorkommt – es triften an einem Tag durchschnittlich 10 bis 15 Partien – erhält jeder Prügel, wenn er abgesägt ist, ein besonderes Zeichen mit der Axt eingehauen. Jeder Holzberechtigte hat nun sein besonderes, auf seinem Haus seit Alterszeit ruhendes Zeichen, seine Hausmarke, hier genannt: »Hausmarch«.

Durch Anfügung von einem oder zwei weiteren Strichen (Schroat), durch Verdoppelung und durch Anbringung des Zeichens am Rand oder in der Mitte des Holzprügels sind diese Marken, ich möchte sie Grundmarken nennen, dem Bedürfnis entsprechend vermehrt.

Es ist selbstverständlich, dass die vorstehende Zusammenstellung keinen Anspruch auf Vollständigkeit erhebt, nachdem ein Verzeichnis der Hausmarken weder in der Gemeinde noch beim Forstamt vorhanden ist, auch manche Hausmarke durch den Tod des alten Besitzers oder durch Wegzug in Vergessenheit geraten sein mag. Nur durch mühsames Ausforschen alter Leute und umständliches Umfragen konnte das hier niedergelegte Material gewonnen werden.

In der Nähe des Marktes sperrt eine Schleuse den Lauf der Partnach und leitet ihr Wasser in einen etwas weiter unterhalb mit dem Hauptlauf des Flusses sich vereinigenden, an seinem Mittelstück durch einen Rechen abgesperrten Seitenarm, von welchem aus die Hölzer auf eine teilweise unter Wasser stehende Sandfläche geschwemmt werden. Dort werden sie ins Trockene gezogen und aufgestapelt, um hernach vom Forstamt in Bezug auf das Maß geprüft zu werden. Trotz der Nässe und der oft recht empfindlichen Kälte herrscht auf dem Triftplatz eine muntere, frohe Stimmung. Auf improvisierten Herden oder kleinen Feuern wird Kaffee gekocht, zu dem aus manchem Haus gute fette Schmalznudeln geschickt werden; warme Würste, Brot und Bier ersetzen das ausfallende Mittagsmahl und stärken und erwärmen die müden und steifen Glieder.

Seit wie lange schon getriftet wird, hat sich leider nicht erkunden lassen; auf 150 Jahre dürfte es wohl zurückzuführen sein. Vielleicht kam man dazu infolge der um die Mitte des 18. Jahrhunderts neu ausgegebenen Wald- und Forstordnung, durch welche im Interesse der Erhaltung des Waldbestandes die bisherige willkürliche Holzentnahme aus den nächstliegenden Waldungen beschränkt wurde und die Holzanweisung auch in weniger bequemen, unwegsameren, schwerer zugänglichen und entfernteren Plätzen erfolgte.

EDUARD ROCK (16.4.1857–6.4.1942), Oberstleutnant, Bayerischer Armeebibliothekar, lange Jahre in der Partenkirchener Volksbibliothek sowie in deren Gemiendearchiv tätig

So hatten es sich die Planer vorgestellt – ein Stausee dort,
wo heute die Forststraße ins Reintal verläuft.

»Nur wenige wissen, was hier geschieht ...«
Kraftwerksprojekt im Reintal

Peter Schwarz

Nach dem Kriegsende 1945 herrschte überall in Bayern eine katastrophale Notlage in der Elektrizitätsversorgung. Unter den beinahe täglichen Stromabschaltungen litt nicht nur die Bevölkerung, sondern vor allem die Wirtschaft. Diese Situation führte 1948 im Raum Garmisch-Partenkirchen zu dem Gedanken, die obere Partnach zur Erzeugung von elektrischem Strom auszunutzen.

Das Projekt sollte folgendermaßen aussehen: Am Südausgang der Partnachklamm wird eine etwa 110 Meter hohe Bogenstaumauer errichtet. Dadurch entsteht im unteren Reintal ein Staubecken mit einem Fassungsvermögen von etwa 30 Millionen Kubikmeter, in dem die Partnach und der Ferchenbach aufgestaut werden. Die Stauwurzel des Stausees wird bei Volleinstauung weit oberhalb des Reintaler Hofes liegen. Allerdings wäre mit jährlichen Wasserspiegelschwankungen von über 50 Metern zu rechnen. Ein 900 Meter langer, unterirdischer Druckstollen führt östlich der Partnachklamm zum ebenfalls unterirdischen Kraftwerk am Nordeingang der Klamm. Über ein Ausgleichsbecken wird das Wasser wieder in die Partnach zurückgeleitet. Für das »Kraftwerk Werdenfels« – so der offizielle Name – war eine Ausbauleistung von 15 Megawatt vorgesehen. Das in der Klamm verbleibende Restwasser sollte über ein kleineres Kraftwerk aus dem Stausee entnommen werden.

Um dieses Projekt verwirklichen zu können, war 1947 eine Interessengemeinschaft gegründet worden, in der der Markt Garmisch-Partenkirchen, die Isar-Werke und die örtlichen Kraftwerksbesitzer vertreten waren.

Die »IG« trat mit dem Konzept für ihr neues Kraftwerk erstmals im März 1948 an die Öffentlichkeit. Die sofort einsetzende Ablehnung in der Bevölkerung und die heftige Empörung über dieses Projekt hatte wohl niemand erwartet, auch nicht die IG. Landrat Kessler, ein entschiedener

Gegner des Projekts, fasste nach einer Ortsbesichtigung seine Eindrücke in einem Satz zusammen: »Nur wenige in Garmisch-Partenkirchen wissen, was hier wirklich geschieht.«

Die Ablehnung gipfelte in der im April 1949 erschienenen Broschüre »Die Partnachklamm ist in Gefahr«, in der sich die Alpenvereinssektion Garmisch-Partenkirchen unter ihrem ersten Vorstand Alois Adam gegen die Errichtung des Kraftwerks aussprach. Treibende Kraft hinter dem Projekt »Kraftwerk Werdenfels« war Garmisch-Partenkirchens Bürgermeister Georg Schütte. Er sah darin eine Möglichkeit, die drückende Energienot zu lindern. Schütte betonte immer wieder in der Öffentlichkeit, er wolle den Landschaftsschutz an der Partnach bei allen Planungen an die erste Stelle setzen.

Trotz der Proteste begannen 1949 die Projektierungsarbeiten, zu denen auch die Anlage eines Versuchsstollens gehörte, um die geologischen Verhältnisse zu untersuchen. Ende November 1949 waren diese Arbeiten abgeschlossen. Im September 1950 konnten die Gegner aufatmen: Die Oberste Baubehörde hatte das Partnach-Projekt aus dem »Bayerischen General-Energieplan« herausgenommen, zugunsten des geplanten Sylvensteinspeichers. Ausschlaggebend für diese Entscheidung war letztendlich weder der Naturschutz oder die Erhaltung des Reintals, noch der Engpass in der Energieversorgung, sondern schlicht die Zeit, die das Projekt überflüssig machte. Eine wichtige Erkenntnis!

Nur zwei Mann den Schneemassen entronnen – Gatterl-Lawinen-Unglück am 20. Dezember 1952

Garmisch-Partenkirchner Tagblatt

Das Zugspitzgebiet wurde am Samstag, wie an anderer Stelle bereits berichtet, von einer der schwersten Lawinenkatastrophen heimgesucht, die sich in den letzten Jahren dort ereigneten. Der Grenzoberjäger Wasner, Schlussmann der Kolonne, der sich als einziger der sieben Verschütteten selbständig aus den Schneemassen befreien konnte und anschließend auch seinen Kameraden, den Grenzjägerkommissar Mechtold ausgrub, berichtet nachstehend über den Hergang des Unglücks.

Am Samstagvormittag verlässt die Streifenkolonne, bestehend aus sechs Mann der bayerischen Grenzpolizei, das Schneefernerhaus zu einem Dienstgang. Über das »Gatterl« und »Feldernjöchl« soll's nach Ehrwald gehen. Beim »Gatterl«, schon auf österreichischer Seite, trübt sich das Wetter ein und ein böser Wind kommt auf.

»Aus uns sechs«, sagt Wasner, »waren inzwischen sieben Mann geworden. Ein junger Österreicher hatte sich uns angeschlossen, als er hörte, dass wir nach Ehrwald abfahren wollten. Wir hatten Steigfelle unter die Ski geschnallt, als wir am so genannten ›Feldherrnhügel‹ zum Grat aufstiegen. Wir gingen in einem Lawinenabstand von etwa 15 Meter und verwendeten zur Sicherung Schnüre. Ich selbst hielt meine Skistöcke locker, ohne durch die Schlaufen zu fassen. Der Spitzenmann der Gruppe befand sich schon auf der Gipfelwächte und wollte in den Grat einsteigen, als plötzlich über ihm ein Schneebrett losbrach. Schon kamen die ersten Kameraden ins Gleiten. Kein Laut war von ihnen zu hören, so schnell rutschten sie dahin, etwa 80 Meter entfernt von uns Schlussleuten.«

Wasner kann seinem Vordermann Mechtold gerade noch zurufen: »Gib acht, damit wir sehen, wo sie verschüttet werden.« Da löst sich schon wieder ein Schneebrett, das nun auch Wasner und Mechtold mit sich reißt. Der ganze Hang gerät in Bewegung. Fast 200 Meter breit und 300 Meter

lang wälzen sich die Schneemassen talwärts. »Wir waren nur noch eine fliegende Masse«, erzählt Wasner. »Fortwerfen der Skistöcke und Schwimmbewegungen waren meine Rettung.« Als die Lawine genau um 14 Uhr zum Stillstand kommt, liegt er mit dem Kopf etwa 30 Zentimeter unter dem Schnee, kann sich aber mit der Faust ins Freie durchstoßen.
»Ich hatte sofort wieder Luft«, sagt er. Dann arbeitet er sich mit den Händen ein Loch, um die Skibindung zu lösen. Eine halbe Stunde später ist er frei. »Ich hörte Hallo-Rufe«, berichtet Wasner weiter, »10 Meter weiter abwärts war eine Stelle, die zwischen zwei Schneeblöcken einen 70 Zentimeter breiten Spalt ließ. In diesem Schacht sah ich das Gesicht meines Kameraden Mechtold. Nach einer halben Stunde hatte ich ihn frei.«
Während ein eisiger Sturm aufkommt, rufen die beiden rings über den wüsten Lawinenkegel nach ihren Kameraden. Nichts rührt sich. Ohne Gerät wäre es sinnlos gewesen, zu suchen. So marschieren beide, Mechtold mit einer Knieverletzung, zur Knorrhütte zurück, um Alarm zu geben. Gut zwei Stunden später hat man im Schneefernerhaus eine erfahrene Rettungsmannschaft aus Grenzpolizisten, Bergwachtmännern, Zollbeamten und Skilehrern zusammengestellt. Aus Ehrwald werden mit der Tiroler Zuspitzbahn Akias heraufgeholt und noch vor Mitternacht sind schon 18 Mann an der Unglücksstelle. Laufend treffen Verstärkungen ein. Von den alarmierten Bergwachtstellen, von den Grenzpolizeiposten, von der Landpolizei. Der Sturm fegt die Funken der Fackeln über den Schnee und zwingt die Rettungsmannschaften zeitweise selbst, sich Löcher zu graben. Trotzdem wird die ganze Nacht gearbeitet. Lawinenhunde aus Garmisch und Mittenwald werden angesetzt, aber immer neue Schneeböen fegen ihnen die Spuren weg. Während am Sonntag erneut der Sturm aufkommt, werden laufend Gräben kreuz und quer durch den Lawinenkegel gezogen, der an den tiefsten Stellen die 4 Meter langen Sonden nicht auf Grund kommen lässt. Bis zu 50 Mann sind gleichzeitig im Einsatz.
Noch vor dem Unglück hatte der Grenzoberjäger Thomamüller, der nun unter dem Schnee liegt, seinen Kameraden erzählt, wie er vor drei Jahren an derselben Stelle geholfen hat einen Schullehrer zu bergen, der dort in

Traditionelle Gatterlmesse zum Gedenken an das Lawinenunglück vom Dezember 1952.

eine Lawine gekommen war. Der nun selber verunglückte Thomamüller hätte am übernächsten Tag in Urlaub gehen wollen. Die Verunglückten waren sämtliche erfahrene Berggänger.
Der schwere Schnee lässt kaum noch Hoffnung, dass sich die Verunglückten, soweit sie unverletzt blieben, Atemlöcher um sich herum graben konnten. Am Sonntag wurden weitere Ablösemannschaften eingesetzt, da die ersten Rettungskolonnen völlig erschöpft waren. Bei wachsendem Sturm werden die Bergungsarbeiten voraussichtlich abgebrochen, wenn nicht neue Menschenleben gefährdet werden sollen.
Die Verunglückten sind: Grenzoberjäger Fritz Thomamüller – Grainau, Grenzoberjäger Fritz Schrödel – Garmisch-Partenkirchen und Grenzoberjäger Max Heinrich – Garmisch-Partenkirchen und Grenzoberjäger Karl Wildgruber – Griesen. Die Personalien des mitverunglückten österreichischen Zivilisten sind noch unbekannt.

Seit diesem schweren Lawinenunglück findet alle Jahre in der Nähe der Gatterl-Diensthütte am 2. Sonntag im September ein Gedenkgottesdienst für die verunglückten Grenzschutzbeamten statt. Anfänglich war die Messe nur für die Toten dieses Unglücks gedacht, im Laufe der Jahre wurden auch alle anderen Personen, die um die Zugspitzplatt-, Knorrhütten-, Gatterl- und Reintalgegend durch einen Bergunfall ihr Leben verloren, mit einbezogen. Zeitweise war die Gatterlmesse zu einem regelrechten Kult geworden, mit Besucherzahlen bis zu Fünftausend. Natürlich hing die Beliebtheit dieser Bergmesse stark vom Wetter ab, immer wieder musste die Gatterlmesse wegen Wintereinbrüchen abgesagt werden. Höhepunkte waren jene Messen, an denen der verstorbene und beliebte bayerische Ministerpräsident Alfons Goppel die Gedenkrede hielt. Aber auch manch anderer bekannte bayerische Politiker wurde schon mit dem Hubschrauber eingeflogen, wie etwa Peter Gauweiler oder der jetzige Innenminister Günter Beckstein.

Lawinen gehören im Reintal zur winterlichen Tagesordnung.
1995 verschüttete die Lawine aus dem Vollkar den Zustiegsweg.

Unterwegs zum Partnachursprung

Toni Hiebeler

Zu den ersten Landschaftsbeschreibungen, in denen auch das Zugspitzgebiet eine Rolle spielt, gehören die Schilderungen des Grafen Bray, Präsident der botanischen Gesellschaft zu Regensburg, dessen dritte Auflage (1825) seiner »Reise durch Tirols Alpen« (1808) auch einen Besuch der Grafschaft Werdenfels behandelt. Graf Bray war sogar richtig ins Gebirge vorgedrungen, mit dem Botaniker Graf Sternberg, Professor Duval, Baron Frauenberg und General Werneck und zwölf Einheimischen als Führer und Träger. Am 7. August 1807 verließ die siebzehnköpfige Gesellschaft Partenkirchen: »Der Zweck unserer Reise war, die Partnach bis zu ihrer Quelle am Gletscher zwischen Zugspitze und Wetterstein zu verfolgen, ihre Temperatur in verschiedenen Höhenlagen zu messen und zu gleicher Zeit zu botanisieren.« Die Gelehrten hatten für ihre Forschungsexpedition einen echten Schönwettertag erwischt, und sie nahmen die Eindrücke der schönen, kontrastreichen Landschaft bewusst auf. Bis zur Bockhütte, einer primitiven Blockhütte der Holzarbeiter in 1059 Meter Höhe des Reintales. Von der Bockhütte ab wird das Reintal wild, nimmt von Stunde zu Stunde mehr Hochgebirgscharakter an. Und mit zunehmender Höhe sank auch die romantische Hochstimmung der ersten Forscher im Wettersteingebirge: »Nach einer halben Stunde entdeckten wir einen kleinen, von Kalkfelsen eingefassten See« – vordere Blaue Gumpe –, »an dessen Ufern einige Fichten standen. Seine Wasserfläche von unvergleichlicher Schönheit glich von der Ferne einem Wunderspiegel aus Chrysopras und Malachit. Das war die Partnach, deren Wasser, aufgestaut aus Bergstürzen, diesen See gebildet hatte.« Am Spätnachmittag gelangten die Forscher zur kleinen Hirtenhütte am Anger in etwa 1350 Meter Höhe. Die Hütte sollte später, im Rahmen der alpinistischen Erschließung, noch eine bedeutende Rolle spielen. Bray und Sternberg stiegen noch zum westlich gelegenen

Partnach-Ursprung auf. »Zurückgekehrt, verbrachten wir am prasselnden Lagerfeuer, 5000 Fuß über dem Meere, eine herrliche Nacht auf unserem Lager am Ufer des Flusses und ohne anderen Schutz als den unserer Mäntel« – ein richtiges Biwak also, würde man heute dazu sagen. »Beim Morgengrauen waren wir schon wieder auf den Füßen; es handelt sich jetzt darum, den Gipfel des Wetterstein zu besteigen, der die Grenze zwischen Bayern und Tirol bildet. Dieser Weg ist nur für die kühnsten Bergsteiger begehbar; nie in meinem Leben habe ich einen ähnlich ermüdenden Marsch gemacht.« Der »Gipfel des Wetterstein« war nichts anderes als die felsige Gratscharte »Gatterl«. Die Gesellschaft marschierte also übers Platt und das Gatterl (2023 m) ins bayerische Gaistal, nach Leutasch und Mittenwald – eine stramme Tagestour, auch nach heutigen Begriffen. Den höchsten Gipfel des Gebirges, die Zugspitze, den die Gelehrten vom Gatterl aus in nur dreieinhalb Kilometern Entfernung gesehen hatten, erwähnte Graf Bray in seinem Bericht mit keiner Silbe.

Toni Hiebeler (5.3.1930–2.11.1984), Spitzenalpinist in den fünfziger Jahren, bestieg auch zahlreiche Gipfel in Nordamerika, im Pamir, im Kaukasus und im Himalaya, zahlreiche Erstbegehungen, Chefredakteur von Berg- und Skizeitschriften, Journalist, Filmemacher und Buchautor

Erstbesteigung auf Befehl. Joseph Naus bestieg 1820 als Erster die Zugspitze.

Erste Zugspitzbesteigung im Auftrag des Königs

Toni Hiebeler

Kurfürst Maximilan IV. Joseph (1756–1825) wurde 1806 durch Napoleons Gnaden Maximilian I. König von Bayern. Und es versteht sich, dass über die Grenzen eines Königreichs an allen wichtigen Punkten Klarheit herrschen musste. Höchster Punkt der königlich-bayerischen Grenze gegen Österreich war – wie auch heute noch – der Bereich der Zugspitze. Aber als Bayern zum Königreich ausgerufen wurde, war Bayerns höchster Berg immer noch nicht erstiegen. Und wenn man dem Berg schon zu Leibe rückte, dann musste die ganze Sache auch einen Sinn haben, dass man nun endlich erfuhr, wie es da oben aussah. Immerhin konnte man Bayerns höchsten Gipfel an Föhntagen auch zu Maximilians Zeit sogar von München aus sehen. Bayerns »kgl. topographisches Bureau« arbeitete 1820 an der Aufnahme des Blattes Werdenfels des topographischen Atlasses von Bayern im Maßstab 1:50.000.

Im Dienst des Vermessungsamtes stand der siebenundzwanzigjährige Leutnant Joseph Naus, dessen Größe »5 Schuh, 8 Zoll« betrug; ein Mann mit dunkelbraunem Haar und Bart und hoher Stirn, mit braunen Augen, »proportionierter Nase«, Gesichtsfarbe »Gefärbt«, wie es in seinem Personalakt aus dem Jahr 1834 steht. Dieser Leutnant Joseph Naus brach am 19. Juni 1820 von München auf in Richtung Werdenfelser Land. Mit dem königlich-bayerischen Hauptmann Freiherr von Jetze, im Stellwagen.

[...] Die Reise der beiden Offiziere auf der hundert Kilometer langen Strecke von München über Weilheim nach Partenkirchen dauerte nur einen Tag und kostete 23 Gulden. Das war viel Geld, wenn man bedenkt, dass die monatliche Zimmermiete (»Logis«) damals durchschnittlich 5-Gulden betrug.

Joseph Naus führte auf seiner Reise ein Tagebuch, in braun gemustertem Vorsatzpapier gebunden, mit zierlicher Handschrift. Dieses Tagebuch von Joseph Naus sollte das einzig authentische Dokument über die Erstbesteigung der Zugspitze am 27. August 1820 werden. Das Tagebuch beschrieb die Zeit vom 19. Juni 1820 bis Ende 1823. Später wanderte es als Geschenk ins Alpine Museum in München. Dort wurde es mit großer Wahrscheinlichkeit durch den Bombenkrieg des Zweiten Weltkrieges vernichtet, zusammen mit den meisten wertvollen Stücken dieser einmaligen Sammlung. Glücklicherweise wurde Naus' Tagebuch von Carl Müller, Leiter des Alpinen Museums, 1920 zum hundertjährigen Jubiläum der Zugspitz-Erstbesteigung in der »Deutschen Alpenzeitung« veröffentlicht. Joseph Naus schrieb auf seiner Reise nach Partenkirchen nur kurze Notizen über Spesen und Wetter. Es gab »Meist Regen« und »Donnerwetter«. In Partenkirchen konzentrierte er sich nicht sofort auf die Zugspitze, sondern unternahm im Rahmen von Vermessungsarbeiten Ausflüge auf die nahen Berge – zum Training oder zur Akklimatisierung, wie man heute sagen würde.

Er bestieg nordöstlich von Partenkirchen den Krottenkopf (2085-m) im Estergebirge und nordwestlich von Garmisch den Kramer (1981-m) in den Ammergauer Alpen; zwei großartige Aussichtsberge mit Blick auf die Zugspitze. Auch der romantisch gelegene Eibsee am Nordfuß der Zugspitze wurde besucht. Über seine Eindrücke vor dem 1300-Meter hohen Nordabbruch der Zugspitze ist im Tagebuch nichts vermerkt. Einen Monat nach seinem Aufbruch in München begann Joseph Naus mit der eigentlichen Zugspitz-Erkundung. Am 21. Juli 1820 gelangte er mit einigen seiner Leute »auf das Blatt« (Platt) bis zum Schneeferner. Da aber wehrte sich der Zuggeist mit Nebel und Regen, sodass der Rückzug ins Tal angetreten werden musste. Wenn man bedenkt, dass sich der ganze Ausflug – Auf- und Abstieg – von Partenkirchen über rund 45 Kilometer erstreckte, kann man sich Naus' Enttäuschung vorstellen. Aber er wusste nun wenigstens, wie man in den Zugspitz-Nahbereich gelangte.

Anschließend wurde die Ammergauer Gegend besucht, am 28. Juli reiste er nach Krün an der Isar, von wo aus Abstecher nach Schlehdorf, Mittenwald und Scharnitz unternommen wurden. Anfang August wurde der Hundsstall (2517 m) im Wetterstein-Hauptkamm bestiegen. Dabei gab es bei gutem Wetter »mit mehreren Schützen Bivauc« (Biwak). Am 25.-August war Joseph Naus wieder in seinem Partenkirchner Standquartier: »zu hause, nachmittag nach Partenkirchen; um 3 Uhr Donnerwetter«. Naus vermerkte kein Wort über die Vorbereitungen für den zweiten Zugspitz-Ersteigungsversuch, nichts über den angeworbenen Führer Johann Georg Deuschl, der bei Naus »Tauschl« heißt. Aber lassen wir Leutnant Joseph Naus selbst über das denkwürdige Unternehmen berichten:

»26. August. Mit Herrn Hauptmann Jetze und Leutnant Anlitschek durch das Rheintal auf den Anger. Übernachtet in der Hirtenhütte, von einer Menge Flöhe dergestalt gemartert, daß ich wachend am Feuer die halbe Nacht mit Tötung derselben zubringen mußte. Endlich retterirte ich mich unter freien Himmel und schützte mich mit dem Regendach vor dem Regen.

27. August. Früh 4 Uhr von der verwünschten Flohhütte über das Blatt durch den Schneeferner hinter dem Zugspitz an die Gränze, von wo aus man Ehrwald, Lermos p.p. und alle in dieser Gegend befindlichen Berge übersehen konnte. (Gemeint ist die Schneefernerscharte, 2710 m, zwischen Zugspitzeck und Schneefernerkopf.) Vergeblicher Versuch den Zugspitz zu besteigen. Abermaliger Versuch, welcher endlich nach einigen Lebensgefahren und außerordentlichen Mühen gelang. Nach 1fl-Stund erreichten wir, mein Bedienter (»Namens Maier, der Vorname ist im Tagebuch nicht angegeben.« – Fußnote von Carl Müller in der »Deutschen Alpenzeitung« 1920. – Maiers Vorname ist nie bekannt geworden.) und unser Führer Joh. Georg Tauschl aus Partenkirch um fl-12-Uhr die höchste Spitze des noch von keinem Menschen bestiegenen, so verschrienen Zugspitzes. Mangel an Zeit und Material verhinderte uns, eine Pyramide zu errichten. Nur ein kurtzer Bergstock mit einem rothen Sacktuch daran befestigt, dient zum Beweise, daß wir dagewesen.

Nach 5-Minuten wurden wir schon von einem Donnerwetter, mit Schauer und Schneegestöber begleitet, begrüßt und mußten unter größten Gefahren die Höhe verlassen.

Gerade so viel gestattete der dicke Nebel, mich überzeugen zu können, daß wir die höchste Spitze erreichten. Kaum 10–12 Schritt von der Spitze entfernt, betäubte uns ein Blitz und ein zu gleicher Zeit erfolgter Donnerschlag dergestalt, daß wir glaubten, alle Berge müßten zusammenstürtzen. Ich wollte mich hinter eine kleine Felsenwand vor den hinter uns nachkommenden, von der Erschütterung losgewordenen Steinen retten, gab aber bald den vernünftigen Vorstellungen meines Führers, welcher mir die immer mehr wachsende Gefahr des Abwärtssteigens durch den häufig fallenden Schnee schilderte, nach und bequemte mich weiter zu gehen. Unsere beim Hinansteigen gebrauchte Vorsicht, unsern genommenen Weg mittels aufeinander gelegten Steinen und im harten Schnee gemachten Zeichen etc. zu bezeichnen, kam uns bei dem außerordentlich starken Nebel, wo man kaum 4 Schritte vor sich hinsehen konnte, sehr gut zu statten. Unser Weg führte durch eine Klamm, in welcher man eine Wand von ungefähr 14 Fuß überspringen und einmal eine noch viel größere Distanz auf hartem Schnee von wenigstens 50 Grad Böschung abfahren und immer nur auf einem Platz von nur 2 Quadratfuß eintreffen mußte. Was diese Gefahr noch vermehrte, war, daß sich durch den Regen das Wasser in dieser Rinne anhäufte und uns keinen rechten Tritt bemerken ließ, zudem es an mehreren Stellen uns über den Kopf und Rücken abstürzte. Endlich mußten wir am südlichen Fuß des Zugspitzes und am Anfang des 2fi-Stunden langen und 1fi-Stunden breiten Schneeferners, welcher an sehr vielen Stellen mit ungeheuer tiefen und von 2 bis 15 Fuß breiten Spalten vergefährlicht ist – Freund Anlitschek, Hauptmann Jetze und ich schätzten die Tiefe einer solchen bei 400', sie war kaum 2 Fuß breit, wohl aber mehrere 100 lang, Hauptmann Jetze und Anlitschek hatten das Glück, indem jeder mit einem Fuß in ein ähnliches Loch trat, sich noch durch Schnelligkeit vom unvermeidlichen Tod zu retten – eine der gefährlichsten Passagen machen. Wo der Ferner sich an die Wände anlehnt, sind die größten und breitesten Schluchten (gemeint ist die Randkluft). Über eine dieser war eine Art von Schneebrücke, 1 Fuß dick, 1 breit und 3 lang. Kein anderer Ausweg war übrig, als sich diesem schwachen Gewölbe zu

vertrauen und glücklich ging der Marsch von statten. So gelangten wir ﬂ-2-Uhr auf den Schneeferner und setzten unsern Marsch über diesen und das Blatt fort.
Um 3 Uhr traf ich meine Freunde und Reisegefährten am Anger im Flohhüttchen wieder. Um so angenehmer war das Wiedersehen, da ich mehrmals zweifelte, mein Leben erhalten zu können. Um ﬁ-4-Uhr verließen wir unsern Aufenthalt und kamen abends 9-Uhr ganz ermüdet und entkräftet in Partenkirchen an. In der Früh war das Wetter gut. Von ﬂ-12-Uhr aber regnete und schneite es bis in die Nacht.«
Alpinistisches Fazit: Erste Besteigung des Zugspitz-Westgipfels über die Südflanke um 11.45-Uhr des 27. August 1820 durch Leutnant Joseph Naus mit Führer Johann Georg Deuschl und dem Offiziersburschen Maier, der zugleich Messgehilfe war.
Über die genaue Gipfelhöhe gab es damals noch keine endgültigen Angaben, obschon die Uraufnahme des Zugspitzgebietes 1815 gemacht worden war. Von 1836 bis 1850 war die »k.k. Grenzregulirungs-Hof-Commission« mit Vermessungen an der bayerisch-tirolischen Grenze beschäftigt. Sie gab dem Zugspitz-Gipfel folgende Höhe: »1558 Wiener Klafter = 1012 bayerische Ruthen oder 10120 bayerische Fuß«; 1 Wiener Klafter hatte 1,8965-Meter, also betrug die Zugspitzhöhe 2954,747 (rund 2955-Meter); 1 bayerische Rute hatte 2,918 Meter (= 10 Fuß), was bei 1012 Ruten 2953,016, also rund 2953 Meter ergibt. In der »Orographie des Wetterstein-Gebirges« (Augsburg 1882) wird die Zugspitze mit »2960-Meter« angegeben.
Später wurde die Zugspitze wieder ein wenig höher: »Die neueste Messung (1890) des königl. bair. topographischen Bureaus weist dem Westgipfel eine Höhe von 2964,2 m zu, während die österreichische Militärmappierung denselben mit 2968 m mißt; der Ostgipfel hat nach der Messung des königl. bair. topographischen Bureaus (1890) eine Höhe von 2961,9m«, wie es im alpinistisch-geschichtlichen Standardwerk »Die Erschließung der Ostalpen« (Band I, Berlin 1893) heißt. Einigen wir uns auf 2963 Meter für den Westgipfel und 2961 Meter für den Ostgipfel.

Die Erstbesteigung der Zugspitze ging auch als bedeutendes Ereignis in die Geschichte des Alpinismus ein, auch wenn die bergsteigerische Idee auf den gesamten Alpenraum bezogen erst in den Anfängen steckte. Doch Joseph Naus erfüllte schließlich nur einen beruflichen Auftrag.

Der Schaftoni und der Maurermeister Resch

Toni Hiebeler

Der »Schaftoni«, wie der Schafhirt im hinteren Reintal im Sommer 1823 hieß, konnte sich nicht durchs Robeln hervortun, sondern war mit seinen Schafen von früh bis spät beschäftigt. Der Schaftoni war aus Telfs im Tirolischen und hatte tagtäglich nur seine Wettersteinberge und Schafe um sich; die Höllentalspitzen, den Hochblassen und Hochwanner. Und wenn er weiter oben in der Plattgegend war, sah er auch die Wetterspitzen, den Schneefernerkopf und die Zugspitze. Man muss selbst Hirte in den Bergen gewesen sein, um den Hirten-Alltag zu kennen. Ich war mit zehn Jahren »Goastoni«, ein Ziegenhirt, im Lechtal. Schon nach kurzer Zeit kannte ich die Eigentümlichkeiten und Tricks meiner Schützlinge – da konnte ich mir's leisten, für ein paar Stunden die siebenundvierzig Ziegen im Stich zu lassen, um einen der nahen Berge zu besteigen. Ich wollte wissen, wie es »hinter dem Berg« aussah, wollte sehen, wie viele Berge es überhaupt gab – und ich war immer fasziniert, jedes Mal so viele Berge sehen zu können. Der Hirten-Alltag in den Bergen ist ziemlich eintönig, man ist froh über jede Abwechslung.

Eine echte Abwechslung für den Schaftoni war das Auftauchen des Partenkirchner Maurermeisters Simon Resch. Natürlich hatte ein wahrer Maurermeister, der sein Handwerk ernst nahm, während der Sommermonate in den Bergen nichts zu suchen, denn die Winterzeit, in der oft der Mörtel an der Maurerkelle friert, ist ohnehin lang genug. Aber im Werdenfelser Land herrschte damals gewiss keine Hochkonjunktur, sodass sich Simon Resch schon einen Abstecher ins Gebirge hat leisten können.

Simon Resch ging durchs Reintal, vorbei an den Blauen Gumpen, zum Schaftoni, den er in oder bei der Angerhütte, die immer noch den Status eines »Flohhüttchens« hatte, wusste.

»Mogst morgen mit, Schaftoni?«, fragte Simon Resch den jungen Tiroler.

»Wohin denn?«
»Auf'n Zugspitz!«, sagte Resch, als wäre das die einfachste Sache der Welt.
»Auf'n Zugspitz – auf den Berg?«, fragte der Schaftoni überrascht.

Freilich sind die Dialoge frei erfunden, zugegeben. Aber so etwa könnten sich der Resch Simon und der Schaftoni unterhalten haben.
Doch zum täglichen Leidwesen des Chronisten gehört es, dass über bedeutende Ereignisse oft keinerlei Angaben, brauchbare Detailinformationen aufzutreiben sind. Und die erste Besteigung des Zugspitz-Ostgipfels – heute 2961 Meter hoch – war ein bedeutendes Ereignis.
Es ist nur eine Geschichtstragödie, dass weder Maurermeister Simon Resch noch der Schafhirte Toni eine schriftstellerische Ader hatten, sondern offenbar reine Tatmenschen waren und zufrieden mit sich und ihrer Gipfelbesteigung. In »Die Erschließung der Ostalpen« (Band 1, Berlin 1893) steht darüber nur: »Schon im Jahre 1823 folgte die zweite Besteigung, doch galt sie dem östlichen Gipfel. Der Maurermeister Simon Resch von Partenkirchen mit dem damaligen Hirten im Hinterreintal, dem so genannten Schafhirten von Telfs, erreichte den Gipfel und errichtete eine Steinpyramide, welche der einstige Führer des Lieutenant Naus, der am Reinthalerhofe bedienstete Deuschl, sah; gleichwohl wurde die wirkliche Durchführung des Unternehmens vielfach angezweifelt.«

Hanni Barth und die Turner

Toni Hiebeler

Ende Oktober 1846 musste der Zugspitz einen neuen Sturm über sich ergehen lassen. Diesmal von Turnern; die Bewegung des »Turnvater Jahn« erlebte gerade ihre Blütezeit. Eine zwölfköpfige Turnergruppe unternahm einen Ausflug von München nach Innsbruck. In Partenkirchen wurde Station gemacht. Da saßen sie mit Partenkirchnern in einer feucht-fröhlichen Runde beisammen. Und natürlich kam auch der Zugspitz ins Gespräch. Turner auf dem Zugspitz – das hat es auch noch nie gegeben. Max Krieger beschreibt das Abenteuer der Turner:

»Es wurde ihnen zwar von Mehreren dringend abgerathen, da sie durchaus nicht entsprechend ausgerüstet, alle vielmehr sehr leicht bekleidet waren, auch die Angerhütte jedenfalls schon verlassen, an eine Unterkunft also nicht zu denken sei; Andere wieder meinten, daß so junge Leute, die noch dazu Turner seien, die mit der Tour verbundenen Strapazen ganz gut ertragen könnten, daß sich eine Besteigung wegen der reinen Luft gerade jetzt sehr empfehle und sie überdies ihr Endziel Innsbruck übers Satterl und Leutasch ja auch rascher erreichen könnten; wenn noch dazu der Hanni Barth mitgehe, so könne es am Gelingen nicht fehlen. Hanni, alsbald hergeholt, machte den allerbesten Eindruck und wurde gegen eine geringe Entlohnung als Führer gewonnen; andern Tags marschierte die Schar durchs Rainthal bis zum Partnachfall, wo zur ›Ausfrischung der müden Beine‹ in dem eiskalten Wasser ein Bad genommen wurde. Die Angerhütte war glücklicherweise zugänglich, da der Hirte zum Aufsuchen einzelner versprengter Schafe zurückgekehrt war, und galt es nun, aus Reisig die Lagerstätte zurecht zu machen; das bißchen Proviant, das die jungen Leute mitgenommen hatten, war schon Tags über verzehrt worden, es wurde daher schon sehr angenehm empfunden, daß der Hirte so viel Mehl, Eier und Schmalz mitgebracht hatte, daß ein ausgiebiges Quantum

›Schmarrn‹ gekocht werden konnte. Um ein Uhr nachts wurde aufgebrochen, bei welcher Gelegenheit jedem Teilnehmer ein von Hanni zugerichteter Bergstock übergeben ward, und bald die Schneeregion erreicht, in der sich das leichte Schuhwerk der Turner sehr wenig bewährte und den mit der Führung des Bergstockes nicht Vertrauten wiederholte Rutschpartien nicht erspart blieben. Vielen Zeitaufwand erforderte die Umgehung der großen Eisklüfte und der Anstieg vom Schneeferner zum Grat, wo es sich wegen des massenhaft abgehenden Gesteins bald als eine Unmöglichkeit erwies, hintereinander zu bleiben, weshalb Hanni die Zwölfe in einer Linie nebeneinander aufmarschieren ließ. So gelangten sie auf den Grat, wo ihrer sechs in Folge übergroßer Anstrengung zurückbleiben mußten, die andern sechs aber entledigten sich auch noch ihrer Jacken und Westen und steuerten so nur mit Hemd und Hose bekleidet unaufhaltsam auf den Gipfel zu, den sie auch um neun Uhr glücklich erreichten. Es waren dieß die Herren Ernst Müller, vulgo Urmüller, Bildhauer aus Hessen-Kassel, J. Puschkin, Maler in München, Karl Sedlmayer, jetzt Buchbindermeister in Amberg, Fremdke aus Hamburg, ein Landsmann Müllers Namens Heß und ein Bildhauer Rieß aus Schwaben. Unter ähnlichen Umständen, das heißt mit so mangelhafter Vorbereitung und Ausrüstung, ist wohl keine zweite Zugspitzbesteigung mehr ausgeführt worden!
Die Fernsicht war grandios, wollten doch Mehrere mit freiem Auge München erkennen, ein schneidender Wind gestattete den, wie gesagt, nur mit Hemden Bekleideten keinen langen Aufenthalt da oben. Der Abstieg vereinte die ganze Gesellschaft wieder und ging glücklich von statten; daß fast Allen das Schuhwerk in Fetzen herunterhing, vermochte ihrer großen Freude keine Eintrag zu thun.
Am Gatterl wurde von Hanni unter dankbarer Anerkennung seiner vorzüglichen Führung Abschied genommen.«
Damit hat der Berg die ersten echten Flachländer – die ersten »Preiß'n« – erlebt; ein bescheidenes Vorspiel von dem, was sich später auf der Zugspitze alles ereignen wird.

Um die gleiche Zeit lebte auf dem Hohenpeißenberg der »Zugspitz-Jakl« namens Jakob Sporer aus Dettenhofen bei Landsberg, Dienstknecht bei Pfarrer Christoph Ott. Der Jakob Sporer scheint richtig zugspitznarrisch gewesen zu sein. Denn immer, wenn es bei der Arbeit Ärger gab, riss der Zugspitz-Jakl aus und rannte vom Hohenpeißenberg geradewegs auf den Zugspitz, den er meist ganz allein erreichte. Zweimal hat er auf dem Gipfel sogar die Nacht verbracht, einmal durch ein »Donnerwetter« gezwungen (1849), einmal rein »zu seinem Vergnügen« (1850). Und immer, wenn der Jakl vom Zugspitz zurückkehrte nach Hohenpeißenberg, war er »beruhigt und guter Dinge«.

Von West nach Ost –
Mitglieder des DÖAV
errichten das reparierte
Kreuz auf dem Ostgipfel.

Die Kreuzerrichtung

Fritz Schmitt

Nun war es allmählich an der Zeit, die Zugspitze mit einem soliden Metallkreuz zu versehen, wie es »auf vielen unserer vaterländischen Gebirgshöhen« üblich war. Und zwar sollte es feuervergoldet sein, wie der Wetterhahn auf einer Kirchturmspitze.

Initiator war Christoph Ott, Pfarrer und meteorologischer Observator auf dem Hohenpeißenberg. Es ärgerte ihn täglich, wenn er durch das Fernrohr nach Süden schaute, »daß der erste Fürst der bayerischen Gebirgswelt, der Zugspitz, des würdevollen Schmuckes durch ein Kreuz entbehren sollte«. Es wurde beschlossen, eine Subskription zu eröffnen, die »durch die Munificenz Ihrer Majestät, der Königin Marie, einen erfreulichen Anklang fand«. Und auch König Max äußerte sich bei einer Audienz in Hohenschwangau »sehr wohlgefällig über das Unternehmen«. So wurde denn ein »Zugspitz-Comité« gegründet, das auch die Unterhaltung der Zugangswege übernehmen wollte.

Handwerker in Schongau fertigten das Kreuz an. Es war drei Zentner schwer und in 28 Teile zerlegbar und kostete 443 Gulden 10 Kreuzer. Dazu sollten noch 167 Gulden 26 Kreuzer kommen für die »Zugspitz-Expedition zur Errichtung eines vergoldeten Eisen-Cylinder-Kreuzes am 11., 12. und 13. August 1851«. Unter diesem Titel veröffentlichte Pfarrer Ott im gleichen Jahr eine kleine Schrift bei Christian Kaiser in München.

Der Aufbruch mit dem Kreuz erfolgte am 4.-August vom Hohenpeißenberg unter Jubel und Böllerschüssen. Zwei Tage später wurde das Kreuz bis zum 10. August im Forstamtsgarten von Partenkirchen zur Schau gestellt. Die Mannschaft bestand aus 28 Teilnehmern und war begleitet von drei Hunden, Morl, Schnauzl und Di. Der Forstwart Karl Kiendl von Graseck führt das Kommando. 19 Träger übernahmen die Lasten. Abends kam die

Karawane zur Angerhütte, die aber nicht allen Platz zur Nächtigung bot. Deshalb gab es ein Biwak am prasselnden Feuer.
Bei Fackellicht erfolgte der Aufbruch und schon um 9-Uhr erreichte der ganze Trupp den Westgipfel. Eigentlich war das Kreuz für den Ostgipfel bestimmt gewesen, aber die Träger weigerten sich, mit den Lasten über den exponierten Grat zu gehen. Das Bohren eines Loches ins harte Gestein und das Aufstellen des Kreuzes erwies sich als Schwerstarbeit. Am Nachmittag war das Werk vollendet. Über Fels und erweichtem Schnee rückten die Männer ab und übernachteten noch einmal am Anger.

Fritz Schmitt (20.9.1905–20.7.1986), Bergsteiger, Redakteur und Buchautor, erschuf 1951 das Jahrbuch des Deutschen Alpenvereins und setzte so die Zeitschrift fort, er war jahrelang für die DAV-Mitteilungen/ Jugend am Berg verantwortlich

Zugspitzerstbesteigung schon im 18. Jahrhundert?

Josef Brandner

Möglicherweise muss demnächst die Geschichte der Zugspitzbesteigungen gerade im wichtigsten Punkt neu geschrieben werden: Bislang galt nämlich gemeinhin 1820 als das Jahr der Erstbesteigung von Deutschlands höchstem Berg. Allerdings berechtigt meines Erachtens eine wenig bekannte und kaum beachtete schriftliche Quelle zu der ernsthaften Annahme, dass der Gipfel bereits vor 1759 von einem oder mehreren Unbekannten betreten worden war.

In einer 1765 verfassten Schrift gibt Ferdinand Freiherr von Bugniet de Croisettes ein Protokoll des einstigen freisingischen Hofkanzlers Joseph Sedlmayr wieder, das dieser über seine Besichtigung der Grafschaft Werdenfels vom 22. September bis zum 15. Oktober 1759 verfasst hatte. Die Dienstreise hatte Sedlmayr unternommen, um sich vor allem über die Grenzen des Werdenfelser Landes mit Tirol aus eigener Anschauung zu informieren. Als Hofkanzler war er kurz zuvor zum Unterhändler des Hochstifts Freising im seit Jahren schwelenden Streit mit der Regierung Innsbruck bestellt worden.

Am 2. Oktober 1759 begab sich Sedelmayr mit einer zwölfköpfigen Begleitung von ortskundigen Partenkirchnern und Garmischern frühmorgens vom Werdenfelser Hauptort Garmisch aus über Partenkirchen zu Pferd bis zur Einöde Reintaler Hof. Hier die weitere Beschreibung:

»Nach zwei Stunden endlich kamme Commissio bey dem Rheintaller Bauern an, da wurden die Pferde gelassen, weil man die weeg in das weitere Rheinthal zu Pferdt nicht mehr passieren kann, da man ohne aufheren yber Stein-Klippen und wurzen, berg auf berg ab steigen muß. Man sieht in der Partnach die die Vordere, mittere und hintere Klam oder

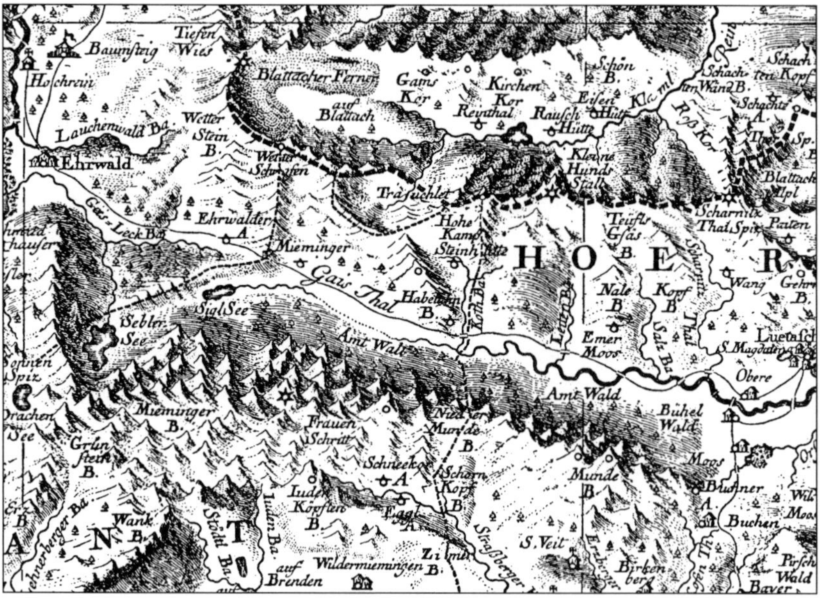

Noch weit weg von der Genauigkeit einer heutigen DAV-Karte –
Karte des Wettersteingebirges von 1774.

engen wasser durchlauf zwischen zwey Felsen der Partnach ... Commissio kamme von berührten Bauernhof ... in zwey Stunden bey der von den Partenkürchnern erbauten Bockhütten an, wo mit einer kalten Kuchen das mittagmahl eingebracht wurde. Von da begabe mann sich bis an die Rauschhütten ..., wovon aber nur noch die rudera zu sehen waren, weil selbe abgebrannt und zerstöhrt ist. Dahero den mitgehenden Partenkirchnern gesagt wurde, solche wiederum aufzubauen, folglich sich nicht aus der possession zu lassen, von dannen ist der weeg genohmen worden zu der Blauen Gumpen, so eineinhalb Stund entlegen ist ..., daselbst ligen eine Viertl Stund lang lautter Felsen und von den Bergen herabgefallene Stein ybereinander, so daß die Partnach sich unter selben verliehrt, und weill dardurch der lauf der Partnach gehemmt wird, so macht die Partnach vor selben eine Gumpen oder wasserstellung welches ganz blau aussiehet, und das wasser sich erst unter den Steinen durchseihen muß.

Von da ginge man neben dem rechter hand liegenden Schönberg ... bis an den Fall ... unter dem Anger ... und des Wittings Alm ..., weill mann nun von da aus den ganzen Erdstrich bis an das sogenante Platt ... und Zugspiz, einen Hohen von dem Wetterstein ... bis an den Stoiben ... zusammengehendes, folglich wie ein halber Mond oder Buesen, das Reinthal Schlüessendes und in viellen geschrof gebürg ybersahe. Von da aber beym Tag kaum mehr bis zum Rheinthaler Bauern ... zurückkommen konnte, so kehrte man zurück.

3 Burger von Partenkirchen aber, als ein Müller, der Perwein und Panholzer, resolvierten sich gar hineinzugehen und in der Wüttingischen Alm hütten .... zu ybernachten.

Der sogenante Zugspiz ist das Höchste gebürg auf welches mann auch steigen und die ganze refier nicht nur in Bayern, sondern auch das ganze Tyroller gebürg ybersehen kann.

Die Commission ginge also zurück und kame bey finsterer nacht um 7-uhr bey dem Rheinthaler Bauern an, wo sie sehr müed ybernachtete ...«

Ein Tag auf dem Plattacher Ferner

Hermann von Barth

Ich packte die zurückgelassenen Effekten zusammen und begann den Abstieg nach dem Rainthal; erst nachdem ich seiner Sohle bis auf ein halbes Tausend Fuss etwa nahe gekommen war, that das Gewölk sich auf und liess die grüne Ebene des Hinteren Anger frei. Schwarz und schwer lasteten die Wolken, wie auf dem Platt, so auf allen Gipfeln des Wetterstein; der Ausbruch eines Gewitters stand nahe bevor, und eiligst strebte ich der Angerhütte zu, die ich auch glücklich zu guter Stunde noch erreichte. Es war 2 Uhr Nachmittags.

In der Hütte, deren primitiven Einrichtung selbst für einen kurzen Aufenthalt das Nothwendigste zu wünschen übrig liess, traf ich den Schafhirten des Rainthales, einen stämmigen, etwa zwanzigjährigen Burschen. Als er von mir hörte, dass ich Ersteigungen halber im Wetterstein-Gebirge mich herumtreibe, begann er alsbald als gewaltigen Berghelden sich zu entpuppen und kein Gipfel im Umkreise des Rainthales, auch die Dreithorspitze nicht ausgenommen, schien ihm unbekannt zu sein. Auf meine Frage nach dem Wetterschrofen, beziehungsweise Gatterlspitz, erfolgte bündiger Bescheid: Da komme man gar nicht hinauf, – das heisst, er selbst sei wohl einmal oben gewesen, das sei aber ein gefährlicher Gang, und genau müsse man den Platz wissen, sonst sei ein Gelingen unmöglich; ihm steige überhaupt nicht leicht Einer nach. – Nun, dazu dachte ich Rath zu finden. Aus seinen Beschreibungen, wo der bewusste »Gang« sich finde, war nicht klug zu werden. Ich richtete endlich entschieden die Frage an ihn, ob er diese Ersteigung zu wiederholen gesonnen sei und zwar mit mir, und erhielt ebenso entschiedene Zusage. Der nächste schöne Tag wurde zur Ausführung verabredet.

Aber nun folgte trübes Wetter, dreimal wanderte ich im Verlaufe einer Woche von Partenkirchen in's Rainthal hinein und ohne Resultat im

Regen wieder heraus. Dabei machte ich bald genug die unbefriedigende Wahrnehmung, dass mein Schafhirte, je mehr er aus meinen wiederholten Besuchen sah, dass es vom Worte zur That kommen sollte, um so mehr von seiner anfänglichen Entschiedenheit abliess und alle erdenklichen Schwierigkeiten erhob. Auch im Rainthaler Hofe und von Seiten der Jäger von Partenkirchen wurde mir nicht allzu Günstiges über ihn berichtet. Am 29. Juli schien das Wetter sich zu bessern, zum drittenmale wanderte ich nach der Bockhütte im Rainthale, wohin inzwischen die Alpenfamilie von der Angerhütte umgesiedelt war. Mein Schafhirt hatte »unumgänglich nothwendig« in Partenkirchen zu thun. Ich dachte daher am kommenden Tage die Oberrainthaler Scharte und wenn möglich, den Ober-Rainthaler Schrofen zu ersteigen, aber nach wenigen sonnenhellen Stunden brach das Unwetter wieder herein.

Am 1. August endlich hellte der Himmel sich auf, die Bergspitzen traten aus ihren grauen Hüllen wieder frei hervor, ich setzte mich Nachmittags von Partenkirchen aus in Marsch. Ueber die Partnachklamm wanderte ich zum Rainthaler Hof, nach kurzem Aufenthalte weiter thalein, zur Bockhütte; kurz vorher traf ich am Wege meinen Mann, der die Kühe zur Abendmelke nach der Hütte trieb. »Also morgen Gatterlspitz!« – Da fingen die Bedenken von vorne wieder an. Es könne ruchbar werden, dass er Fremde führe, dann bekomme er Verdruss von den Leuten, deren Schafe er hüten solle. Antwort: an 1200 Stück Schafe, die er auch zu hüten hat, stehen auf dem Platt, von dort aber ist die Ersteigung des Wetterschrofens, hin und zurück, in ein paar Stunden abgethan. – Weiter, es sei eine gar so »schieche« Steigerei, – er natürlich komme ganz gut damit zurecht, – aber was solle er anfangen, wenn ich mich nicht weiter getraue? – Antwort, das sei meine Sache, ich verlange von ihm nicht den kleinen Finger. Er solle nur fein hinaufsteigen auf den Gatterlspitz, wie er ihn schon einmal erstiegen, das Uebrige wolle ich schon besorgen. – Weiters, was ich ihm dafür geben wolle, unter fünf Gulden thue er es keinenfalls. – Antwort, das sei zwar unverschämt, aber er solle sie haben. – Endlich, morgen ginge es schon gar nicht, er sei allein auf der Alpe und müsse die Kühe melken.

– Antwort, das schadet nichts, ich gehe ausserdem auf den Schneefernerkopf und auf das Wetterwandeck, wozu ich dich nicht brauche; melke immerzu deine Kühe, in drei Stunden bist du von der Bockhütte auf dem Platt, Mittags Zusammentreffen am Fusse des Gatterlspitz. – Abgemacht! – Ich merkte, dass ich den Vogel in meinen Klauen hatte. Dass er an den Unrechten gerathen, der aus seinen, von Manchem bereits angestaunten Erzählungen bitteren Ernst machte, war ihm augenscheinlich höchst unbequem. Ich bedeutete ihm, zu seiner grössten Entrüstung freilich, auch ganz kurz, dass ich seine Ersteigungsgeschichten bis zum faktischen Beweise des Gegentheils für Grosssprechereien ansehen müsse, und war auf das, was am andern Tage folgen solle, schon ziemlich gefasst.
Ich marschierte weiter, dem Inneren des Rainthales zu; an den Blauen Gumpen, an den Riesenwänden der Hundsställe, des Hoch-Wanner vorüber, am brausenden Partnachfalle vorbei, hinauf zur Terrasse des Anger. Als ich den breiten Trümmergraben vor der Angerhütte überschritt, dessen Sohle damals noch von Lawinenresten überbrückt war, rasselte es im Geröll und ein stattlicher Hirsch, in der Beschaulichkeit seiner abendlichen Aesung gestört, sprengte über den Schnee dahin und verschwand im Dunkel der Gebüsche. Kurz vor 8 Uhr langte ich an der Angerhütte an. Die Nebel hingen noch tief über die Wände herein, aber durch den Dunst schimmerte hier und dort das Abendgold und im Zenith wurde das Grau allmählig zum Blau und die Sternlein funkelten durch den Schleier. Die Kälte, welche bald nach Sonnenuntergang sich einstellte, versprach einen klaren Morgen. Ich fand die Thüre der Hütte, ohnehin nur sehr schwach aus Rinden zusammengefügt, ausgebrochen, und richtete sie nothdürftig wieder ein. Das Lager befand sich lediglich mit einigen Tannenreisern bedeckt, zum Glücke war Holz im Ueberflusse vorhanden. Ich unterhielt die ganze Nacht ein prasselndes Feuer und sass fast stets am Herde. Von der Kälte hatte ich in dieser Weise wenig zu leiden, freilich fiel der Schlaf dabei höchst mangelhaft aus, und war ich froh, als die erste Morgenhelle durch die Ritzen des Balkenwerkes schien. Es war 4 Uhr; ein durchsichtig lichtblaues Gewölbe der ganze Horizont; ein sanftes Licht spielte um die

höchsten Zinnen der Felsriesen, die ernst in's Thal herniederschauen. Ich löschte das Feuer und verliess meinen Schlupfwinkel. Durch die frostige Kühle ging's thalein, über die Krummholzhügel, am Ufer der krystallgrünen jungen Partnach dahin. In nicht vollen 2-Stunden hatte ich die Knorrhütte auf dem Platt erreicht. Heller, sonniger Tag war geworden.
[...]
Zwei und eine halbe Stunde hielt Aussichtsbetrachtung mich auf dem Schneefernerkopfe fest; es war nahezu 11 Uhr, als ich zum Aufbruche mich wieder rüstete, um über das Wetterwandeck die Scharte am Wetterschrofen zu erreichen. – Ob der Schafhirte wohl kommt? – Der Miene tiefstgekränkten Wahrheitsbewusstseins zufolge, die er meinen Zweifeln gegenüber gestern angenommen, sollte ich's denken. – Aber ob er jemals auf dem Wetterschrofen war? Am Ende verstand ich mehr davon, als er! Der Fehler, den ich bei meinem ersten Versuche gemacht, lag klar genug vor meinen Augen; viel zu rasch war ich vom Schneefelde weg gegen den Grat angestiegen, mir graute vor dem zerbröckelnden Gezack dort oben, auf dem ich, einer Mauerschwalbe gleich, gehangen war.
Ich verliess den Schneefernerkopf, wie ich auf ihn gekommen, nach der Nordostseite, fuhr die Schneelehne zum Firnplateau hinunter, schwenkte dort rechts ab nach der Kante gegen den tieferen Schneekessel und zum zweiten Male gab's eine lange und eilende Rutschfahrt. Kaum eine Viertelstunde nach Verlassen des Gipfels stand ich, wohl an tausend Fuss tiefer, am östlichen Fusse des Schneefernerkopfes. Vor mir hatte die südwestliche Firnmulde sich aufgethan, in ihrem Hintergrunde die kleine Felshaube des Wetterwandecks. Langsam erhob ich mich wieder, einen weiten Bogen über die Schneegehänge beschreibend. Die Mittagssonne brannte wieder auf die blendende Fläche und ihre Strahlen prallten von ihr zurück, dass ich nicht ohne Grund einen neuerlichen Verlust meiner erst sehr jungen Gesichtshaut befürchtete. Zur Rechten begleiteten meinen Weg die Zacken im westlichen Rande des Ferners, niedrige, schroffe Höcker, das Wetterwandeck an Höhe überragend, aber in der Nähe des übermächtigen Schneefernerkopfes eine weit weniger freie und selbst-

ständige Stellung behauptend, als dieses. fl-Stunden nach Aufbruch vom Schneefernerkopfe befand ich mich am Fusse des Wetterwandeck; die östliche Kante seines Gipfels setzt als Randwelle der grossen Firnmulde weit gegen das Platt hinunter sich fort, und sinkt in mehrfachen Hügelterrassen gegen Süden zum Schneethälchen am Fusse der Wetterschrofen ab. Der gerundete Gipfelkegel selbst ist ziemlich steil, doch ohne Schwierigkeit ersteigbar; längs der Ostkante gehalten, dann seine Flanke kreuzend und auf dem Nordgrate den Anstieg vollendend, hatte ich in einer halben Viertelstunde seine Höhe von 2703 Meter erreicht; der trümmerbedeckte Gipfelraum, nur einige Schritte im Durchmesser haltend, bot mir einen freien, luftigen, aussichtsreichen Sitz; hart nebenan stürzt die Wetterwand in unermessliche Tiefen.

Es war Mittagsstunde; ich war an verabredeter Stelle; in 10-Minuten konnte ich unten sein an der Scharte, von welcher der Wetterschrofen sein schneegeflecktes Felsgerüste emporhebt. Weithin überblickte ich das ganze Platt, übersah namentlich seine südlichen, gegen die Gatterlköpfe heraufziehenden Partieen auf das Genaueste. Von dorther sollte der Schafhirte kommen, wollte er seine grosssprecherischen Worte einlösen, – aber Nichts regte sich im weiten Umkreise, meine Signalrufe verhallten in der Oede, vom Echo des Wetterschrofen nur erwidert. Die Schafherden, die ich hier und dort auf den begrünten Hügeln weiden sah, zeigten nicht die Spur einer Unruhe oder Aufmerksamkeit, ein sicheres Zeichen, dass Niemand in Annäherung sich befinde. Ich wollte meinem Gewährsmanne noch einige Ueberzeit gönnen, hatte ich ja für meinen Zweck doch nicht zu eilen. Die Witterung war sicher, die Wetterschrofenersteigung nicht minder; freilich nicht ihr Gelingen, aber der Weg, der einzig zum Ziele führen konnte. Wie bei dem früheren Versuche, hatte ich die steilen Schneelehnen nach dem Nordwestgrate der Plattspitze hinanzusteigen; im letzten Drittheile der Höhe zeigte dieses einen breiten, gegen Süd abdachenden Schuttstreifen auf seinem Scheitel und der Gipfel selbst erschien von diesem aus ersteigbar; gelangs, die Schuttlage zu erreichen, so war der Westgipfel des Wetterschrofen gewonnen, der umpanzerte Gatterlspitz konnte ohnehin von keiner andern Seite nahbar sein, als längs des Verbindungsgrates mit der Plattspitze. – So überliess ich mich denn für ein paar Stunden noch der behaglichen Ruhe; ein herrlicher Punkt in der That war's, auf ihm zu rasten. Das Ehrwalder Thal, die Tiefe der Gaisach, die Weidematten der Ehrwalder Alpe und den Bergsattel an der Pestkapelle zu Füssen und gegenüber die Mieminger Berge, die Mauercolosse, vollständiger noch, als vom Schneefernerkopf, zu überschauen, nur der schöne Drachensee leider aus ihrem Rahmen verschwunden, die Zweigrippe des Theilkopfs deckt seinen azurblauen Spiegel. In meinem Rücken haben Schneefernerkopf und Zugspitze sich mächtig emporgebaut, der Rainthaler Kamm entwickelt seine Gipfel und Kare in übersichtlichster Vollständigkeit. Und immer, immer wieder kehrt Auge und Glas zurück zum Wetterschrofen. Dreigipflig steht seine wandstarre Masse vor mir, die nahe Plattspitze perspectivisch herabgedrückt, der gedoppelte Mittelgipfel sie scheinbar überragend und am östlichen Ende der Gatterlspitz, eine stumpfe Pyramide in unvergleichbarer Majestät. Hinübervisirend nach diesen Felsenhäuptern finde ich sie um weniges unter meinem Niveau gelegen – ja, wenn eine Brücke durch die Luft sich dort hinüberspannte, wie schnell, wie leicht wäre das Ziel erreicht! – Dann freilich auch Vielen erreichbar. So ernst, so düster schaute die wilde Felsgestalt auf mich, wie grollend über die Nähe Dessen, der sich unterfing, in schlimmer Absicht an sie heranzutreten; den sie – sie mochte glauben, ein für allemale – zurückgewiesen, in Wolkennacht mit ihren gespenstisch zerfahrenen Gratzinnen geschreckt, und der nun dennoch wieder, als wäre nichts vorgefallen, herangezogen kam, mit dem Fernglase an ihrem Geklüfte herumspekulirte, als wüsste er nicht schon, wie es dort aussieht. Und eine schadenfrohe Befriedigung mochte sich mischen in dieses zürnende Grollen. »Sieh da, der unumschränkte Herrscher im Felsgebirge, der Zwinger der jungfräulichen Häupter, der unholde Friedensbrecher des Karwendel, dort sitzt er drüben, und wartet auf einen Führer! Warte er immer zu, kehre er des Abends nur heim zum Prahlhans in der Bockhütte, der seine Kühe melkt. Der hat den Wetterschrofen nie gesehen, und auch ihm werden seine Scheitel fremd bleiben.«

– Meinst Du? – Noch einmal schickte ich einen hellen Jauchzer als Boten hinaus über die Oede des Platts. Ungehört, unerwiedert verhallt er über den Hügeln. –

2-fi-Uhr vorüber – jetzt kommt der Erwartete sicher nicht mehr, – dacht' ich's doch! – Was schadet's! Hatten nicht so häufig, hatten nicht gerade meine besten, meine glücklichst gelungenen Expeditionen damit begonnen, dass ich einen Führer für nothwendig hielt, einen solchen nicht auffinden konnte oder sonst ein Hinderniss sich ergab und ich durch die Macht der Nothwendigkeit erst auf die eigene Kraft zurückverwiesen wurde? – Die hat mich niemals im Stiche gelassen, wenn ich nur recht fest ihr vertraute – mag sie am Wetterschrofen auch sich messen! – Und auf vom Felsensitze, hinunter auf die Mauerstufen, im Fluge die Schneelehnen des Ferners hinab, über die Kante hinaus und von Terrasse zu Terrasse der Plattenhügel, tiefer, tiefer, während mächtig gross der Wetterschrofen vor mir emporwächst. – Nach einer Viertelstunde stand ich in der Scharte. –

Wie bei dem ersten Versuche, so wurde auch diesmal das Gepäck zurückgelassen; nur die Allgäuer Eisen wurden vom Bergsacke genommen und an die Sohlen geschnallt. Leicht und elastisch wie eine Stahlfeder rücke ich zum Streite mit dem ungeschlachten Riesen vor. Der streckt seine zertheilten Schrofenrippen wie Polypenarme herab in's weisse Schneefeld. Ich spaziere erst gemächlich unter ihnen hin, eine schräge Linie durch die Firnlinie ziehend und packe sie dann in aller Mitte, wo vom Wetterwandeck aus die günstige Stelle ich erspäht. Hier geht's bereits steiler, haltloser, über die plattigen Wüste; wo Schneestreifen zwischen ihnen sich einschieben, da lassen sie enge und tiefe Spalten zwischen sich und den Wandstufen und manchen schlüpfrigen First des aufgeworfenen Schneebrettes überschreite ich langsam, Stufen tretend, den Stock gegen die Mauer gestemmt, schwarze Kluft zwischen Firn und Fels. Oberhalb dieser rippigen Zone gelangte ich wieder auf freien Schnee und eine letzte Ausspitzung dieses Feldes zeigte mir den einzig möglichen Weg nach dem Grate der Plattspitze und ihrem Gipfel. Der Neigungswinkel nahm fühlbar zu, jede Stufe musste sorgsam ausgetreten werden, tief tappten die Hände im Schnee voraus. Ich hatte allen Grund die Wahl der Tageszeit zu dieser Ersteigung als eine glückliche zu preisen. In den kühlen Morgenstunden, wenn die Schneelehnen noch hart gefroren sind, wäre dieselbe unzweifelhaft weit schwieriger. Bald traten linkerseits die Felsen nahe heran, sie drängten mich in die höchste, den Grat berührende Schneerinne; die Steile überstieg nun bereits 45°, doch war ich dem Ende der Firnfelder nahe. Eine schmale, kesselförmige Ausbuchtung gewährte einen Ruhepunkt hart unterhalb des Grates. Etwa 20° hoch lag dieser über mir; rechts brach er in senkrechter Stufe ab, in eine Scharte, die etwa 10 Schritte weit von mir entfernt lag. Die Bauart des nächsten, ihr entsteigenden Zackens liess deutlich genug erkennen, dass dort der Grat unmittelbar in die Steilwände der südlichen Gebirgsflanke übergehe. Ueber mir aber musste ich jetzt das Trümmerfeld haben, ich konnte es nicht sehen, aber ich hatte es gesehen vom Wetterwandeck aus und meine Ueberzeugung, an rechter Stelle zu sein, stand fest wie der Fels, an den ich mein Eisen bohrte. Ich stieg die Steilstufe hinan, wie die spärlich gesäeten, fingerbreiten Anbrüche des Gesteins es erlauben wollten; der letzte Absatz, so hoch wie ich selbst, war senkrecht; ich fühlte oben schütteren Boden, reichte den Bergstock voraus, scharrte mit beiden Händen im Gerölle, bis ich für jede Hand einen festen Halt gefunden, und mit aller verfügbaren Spannkraft des Muskeln – rückwärts durft' es nicht mehr gehen! – wurde die Mauer bewältigt; – ich lag gestreckter Länge auf dem Grat; rechts, einen Schritt weit entfernt, die Wände zur Pestkapelle. Aber getäuscht hatte ich mich nicht. Der Schuttboden, auf dem ich mich befand, war nur die letzte Ausspitzung des Trümmerfeldes, das nach der Höhe rasch an Breite gewann; der Plattspitz ist mein!

Ich erhob mich und schritt fürbass. Nach einigen Minuten kam ich an der Ausmündung eines Kamines vorüber, der weit besser, als die eben erzwungene Stufe, auf die Schneefelder hinabzuleiten schien, eine erwünschte Entdeckung für den Rückweg. Das Schuttgehänge, ziemlich steil, verbreiterte sich bald in solchem Masse, dass seine isolirte Lage, umbaut von unersteiglichen Wänden, fast in Vergessenheit gerieth. In massigen Blockstufen steigt von seinem oberen Rande der Gipfel empor; eine theilweise in Trümmer gesunkene Cykladentreppe leitete vom Südwesten her mich auf die Plattspitze, drei Viertelstunden, nachdem von der Scharte weg ihre Ersteigung begonnen hatte. – Und nun lag vor mir der Wetterschrofengrat. Das erste Gelingen, mein erster Erfolg in diesem Jahre überhaupt hatte mich keck gemacht, die Lebensgeister waren wieder wach gerufen. Ich trat an die Kante vor mit einem gewissen Bewusstsein der Unüberwindlichkeit und musterte mit überlegenem Blick die Umgebung. Südwärts dacht der Wetterschrofenstock steil, doch nichts weniger als umgangbar, sich ab, ein mauerschroffener Absenker des Mittelgipfels aber sperrt ihn quer und gestattet erst in einiger Tiefe die Umgehung. Wie es jenseits aussehe, vermochte ich nicht zu beurtheilen. Der Grat, soweit er vor mir sichtbar, erwies sich scharf, aber immerhin nicht hoffnungslos. Ohne langes Besinnen wählte ich den Grat selbst zu meinem Wege. Von der Plattspitze herunter ging's ziemlich unbequem, am Ostfusse des Gipfels aber begegneten mir alsbald unübersetzbare Risse und Abstürze auf der Schneide; so unwahrscheinlich die Ansicht des Wetterschrofens vom Platt aus diess hatte erscheinen lassen, es fanden die nöthigen Umgehungen hier wie in weiterem Verlaufe sich gerade an den Steilwänden der Nordseite. Eine schmale Plattenrinne leitete mich einige zwanzig Fuss unter den Grat hinab, ein handbreites Gesimse quer durch die Felstafeln, rauhes Geschröf stieg vor mir wieder zur Höhe; nach einigen Minuten stand ich auf dem westlichen Kopfe des mittleren Wetterschrofengipfels. Vor mir die Kluft, jenseits der andere Kopf, noch wilder, klippiger, als der erste. Wieder wich ich gegen Norden aus, und umging den Körper des erstiegenen Zackens. Nur einzelne, schmale Tritte bot hier der klare Fels und ein paarmal lagen sie so weit aus einander, dass ein kurzbeiniger Bergwanderer nur schwer sie würde zu fassen vermögen. Mit der gegentheiligen Eigenschaft gesegnet, kam ich ohne allzugrosse Anstrengung darüber hinweg und liess mich vorsichtig in die Kluft zwischen den beiden Köpfen hinunter. Von hier aus gelang auch die Ersteigung des östlichen, und auf dem zerscharteten,

engen Firste glitt ich behutsam herunter zu neuer Einsenkung des Grates. Es war vermuthlich, wie das erste, so auch das letztemal, dass der Mittelgipfel des Wetterschrofen von Menschenfuss betreten wurde.
Nun hatte ich bereits den Gatterlspitz vor mir, aber nun folgte auch die ärgste Zerrissenheit des Grates, mit Thürmchen und Nadeln gespickt sperrte sein Scheitel jeden Weiterweg, auch die Nordseite, in mächtigen, stufenlosen Platten abschiessend, konnte nicht mehr betreten werden. Ich wandte mich nunmehr nach der Südseite, die bis dahin von mir vermieden worden war. Ein wahres Chaos von Spalten, Klüften und Kaminen nahm hier mich auf; kreuz und quer ging's durch zerrissenes Felsgehänge, bald in enger Runse empor, bald wieder ein Stückchen abwärts, um ein zackiges Riff herum in einen Nachbarkamin, bald wieder in den alten zurück, nach den seltenen Durchschartungen der Mauerschranken, den Sättelchen in den sperrenden Felsrippen haschend. Unverdrossen arbeitete ich mich durch dieses coupirte Terrain, wusste ich ja doch, dass das erstrebte Ziel mir nicht mehr ferne liegen konnte; und eben diese Zerspaltung bis in's kleinste Detail bürgte für die Abwesenheit grösserer, massigerer Hindernisse. Und endlich kam auch der Augenblick, da ich aus dem letzten Schachte das Haupt erhob, und um die letzte Klippe mich schwang, hinaus in die Freie. Ein breit rundes, silbergraues Felsmassiv thürmt vor mir sich auf – das ist Er!–- und ein Schuttband zieht schräge sich durch die Wand, als wär's ein kunstbeflissen angelegter Pfad. Ja wohl, Glück gehört auch mit zur Ersteigung unersteigbarer Zinnen, – aber es bietet sich das Glück, bietet sich unter den zahlreichsten, mannigfaltigsten Gestalten. Wag' nur es zu fassen, wage sie nur, die That, wage das Glück zu wollen, den Umständen gebieterisch es abzufordern, und du hast das Glück!
Auf die südwestliche Kante leitet die gangbare Linie mich hinaus und eine zerfallene Blocktreppe bahnt mir den Weg zum Gipfel, genau wie drüben auf der Plattspitze. Bald lösen die Felswürfel sich zu verwitterndem Getrümmer, der Boden verbreitert sich und flacht zur Kuppe sich aus. Befriedigt schau ich über den massigen Tafelbau meines Wartthurmes hinunter auf's Platt, hinaus in's walddunkle Rainthal mit den dämmern-

den Seespiegeln der Blauen Gumpen, hinaus auf den grünen Wiesenplatz der Bockhütte, wo der Schafhirte haust – der grosse Bergsteiger!

Hermann von Barth (5.6.1845–7.2.1876), Geologe, Bergsteiger, Alpenpionier und Schriftsteller, zahlreiche Erstbesteigungen im Wetterstein, Allgäuer Alpen, Berchtesgadener Alpen und im Karwendel, dessen systematische Erschließung er betrieb; seine Erlebnisse sind in dem Buch »Aus den Nördlichen Kalkalpen« (1874) beschrieben

Eine kurze Skigeschichte

Toni Hiebeler

Bevor die Alpen durch den Ski erobert wurden, herrschte in den Bergdörfern tiefste Einsamkeit. Auf den Bergen konnte man nur höchst selten mal einen Winteralpinisten im Schnee herumstapfen sehen. Obschon die Zugspitze kein typischer Skiberg ist – es fehlen Pisten von der Gipfelregion bis ins Tal –, gehört sie zu den frühen Zielen, die von Skitouristen angegangen wurden. Überhaupt war der Raum um Garmisch-Partenkirchen eine Domäne der alpinen Ski-Pionierzeit, denn bereits 1893 sah man die Brüder Heinrich mit Ski auf dem Kreuzeck und 1900 auf dem Osterfelderkopf; beide Bereiche gehören heute zu den beliebtesten Skizentren des Werdenfelser Landes. Ebenfalls 1893, am 16. November, kam es zur Gründung des »Schneeschuhverein München«, Deutschlands ältestem Skiverein. Die ersten Brettl kamen bereits im Juli 1900 auf die Zugspitze, mit Joseph Enzensperger, dem ersten Bewohner des meteorologischen Turmes auf dem Gipfel. Er hatte sich die langen Latten mitgenommen, um in seinen wenigen Freistunden zwischen den Wetterbeobachtungen Skifahrten auf dem Platt zu unternehmen, oft in Begleitung seines Hundes »Putz«. Aber die erste echte Skiersteigung glückte im Winter 1900/1901 dem Garmischer Anton Heinrich durchs Reintal. Heinrich spurte drei Tage lang durch tiefen Schnee – um Joseph Enzensperger, dem einsamen Wetterbeobachter, der nach halbjährigem Gipfelleben schon ziemlich verwildert ausgesehen hatte, endlich die Haare schneiden zu können!

Adolf Göttner mit der spartanischen Kletterausrüstung der dreißiger Jahre am Wettersteinkalk.

Die Nordwestwand des Jungfernkarkopfes im Wetterstein (1. Begehung)

Adolf Göttner

Eingebettet zwischen den gewaltigen Abstürzen des Hochwanners und des Jungfernkarkopfes liegt in düsterer Einsamkeit das »Kar in der Jungfer«. Zu drei Seiten von fast 1000 Meter hohen Wänden eingeschlossen und zum Reintal mit jähem Satze abbrechend, vom Wasser und Steinschlag durchtost, ist dieses Hochkar ein selten besuchter Ort. Feucht und kalt streicht der Wind durch die Riesengruft und feiner Wasserstaub zieht von dort empor, wo mit mächtigem Schwall der Abflußbach des Kares über die Felsen zur Partnach hinunterstürzt.

Und in dieser einsamen Kalkwildnis sitzen wir, meine Freunde Käthe Häussler, Martin Pfeifer und ich, schauen hinab in die Tiefe, der wir soeben entstiegen sind. Glitzernd wie zwei Perlen leuchten die Blauen Gumpen herauf, grüßt das Hüttchen, vor dem wir biwakiert haben.

Vor uns aber steht die letzte, jungfräuliche Tausend-Meter-Wand des Wettersteins, die Jungfernkar-Nordwestwand. Steinschläge und stürzende Wasser haben helle Runen in den schwarzen Fels gezeichnet, den nur selten ein Sonnenstrahl trifft.

In drei Abschnitte zerfällt unsere Wand. Die ersten 300 Meter haben wir schon hinter uns, es ist dies der Randabsturz des Jungfernkares. Steil bäumt sich dann der mittlere Wandteil empor. Risse und Kamine sind eingesprengt, die uns den Durchstieg durch diesen, 400 Meter hohen Plattengürtel ermöglichen werden.

Unnahbar jedoch erscheint die Gipfelwand. Gelber, lotrechter Kalk türmt sich auf, Überhänge und gewaltige Plattenschilder formen eine 300-Meter-Bastion, deren Überwindung fraglich scheint.

Eine begrünte Schotterrippe spitzt vom Jungfernkar aus in die Wand hinauf. An ihrem oberen Ende machen wir uns kletterfertig. Gut gestufter Fels bringt uns rasch höher. Durch Kamine und über Wandabsätze errei-

chen wir eine Geröllterrasse, die allseits von steilen Wänden eingeschlossen ist. Eine schmale, brüchige Leiste führt uns nach links aus ihr heraus. Peinliche Vorsicht ist hier am Platze. Große Blöcke geraten ins Wanken, stürzen hinunter und zerschellen im Schotter des Kares.
4 Stunden steigen wir so empor. Manchesmal im prächtigen, eisenfesten Fels, dann wieder über mürbe Platten, die größte Aufmerksamkeit erheischen. Der Schwierigkeitsgrad der Kletterei geht nur selten über die Bezeichnung »sehr schwierig« hinaus und so sind wir nicht genötigt, Haken einzutreiben.
Auf einer breiten Terrasse unterhalb der Gipfelwand machen wir uns über den eßbaren Inhalt unseres Rucksackes her. Käthe hat fürsorglich allerhand Leckerbissen hineingesteckt, die nun trotz ihres Protestes bis auf winzige Reste vernichtet werden. Dieses Tun ist notwendig, denn die Gipfelwand sieht derart trostlos aus, daß wir unbedingt unser »seelisches Gleichgewicht« wieder herstellen müssen.
Gerade über uns spaltet ein Kamin die Gipfelwand. Glatt sind seine Seitenwände und mit einem mächtigen Abschlußdach verliert er sich an überhängender Mauer. Seine Durchsteigung erscheint mir unmöglich, doch weiter östlich durchreißt ein mehrfach geknickter Riß die gelbe Plattenflucht. Er wird von Überhängen verteidigt, deren Erkletterung sicher den Einsatz der ganzen Kraft verlangt.
Am Fuße des Risses legen wir das Doppelseil an. Da wir nur 10 Mauerhaken mitführen, ermahne ich meine Freunde, alle eingetriebenen Haken wieder zu entfernen. Aus der Nische, am Fuße des Risses, spreize ich empor. Faustgroße Steine brechen aus, zischen an den Kameraden vorbei und poltern in den Abgrund. Ein abdrängender Wulst wird mit Hilfe eines Hakens überlistet und der nächste Überhang muß sich auf gleiche Weise ergeben.
Das Seil ist zu Ende, doch nirgends kann ich einen Standplatz erspähen. Nachkommen brülle ich, Sicherung »moralisch«. Freund Pfeiffer kommt herauf, sicher und ruhig, den wackeligen Standhaken straft er mit Verachtung und schlägt sich einen neuen.

Wir stehen jetzt an der ersten Unterbrechungsstelle des Rißes. Ein weit abdrängender, rot-brüchiger Wulst versperrt den Zugang zur acht Meter höher gelegenen Rißfortsetzung. Haken um Haken fährt in den Fels, nur mit äußerster Anstrengung gewinne ich an Höhe.
Eine schmale Rampe zieht am Riß hinüber. Die Finger bohren sich in abschüssige Griffe, die Beine baumeln haltlos an überhängender Mauer. Ruckartig komme ich vorwärts, noch drei Meter – noch zwei Meter – eine Hand gleitet ab, sollte ich stürzen? Da packt mich die Wut, die Wut über den »Spinat« in meinen Armen und über den unverschämt starken Seilzug von unten. Die Fäuste verkrallen sich, der Körper preßt sich an den Fels, richtet sich auf, dann fährt der Standhaken in das Gestein.
Drei Seillängen steigen wir noch in die Höhe. Glatte Platten werden mit Seilzug überlistet und großen Überhängen die Haken in den Leib geschlagen. Äußerst schwierig ist unser Weg zwischen Himmel und Erde.
Auf einer kleinen Kanzel treten wir den Rückzug an, nur noch drei brauchbare Mauerhaken stehen uns zur Verfügung. Um 3 Uhr nachmittags stehen wir wieder unten auf der Terrasse am Fuße der Gipfelwand.
[...]
Der Winter kam und ging. An den Pfingsttagen des Jahres 1935 wandern Freund Martin Meier und ich das Reintal bergwärts und beziehen bei den Blauen Gumpen ein Freilager. Die Nacht bricht ein. Unzählige Sterne flammen auf, lassen die gewaltigen Nordabstürze des Hochwanners und des Jungfernkarkopfes in einem milden Scheine erleuchten. Tiefe Ruhe ist überall, nur hie und da kracht ein Stein über die Wände herab und stört die Stille. Stundenlang liegen wir mit offenen Augen, beobachten die Schatten, die in den Wänden wandern, träumen von den Bergen, ihren Freuden und Gefahren.
Um 3 Uhr früh stapfen wir am nächsten Tag über Schutthalden zum Fuße der Jungfernkarkopf-Nordwestwand empor. Wir wollen den Nordwandweg bis zum Seidelkamin verfolgen und dann auf mir bereits bekanntem Weg zur Nordwestwand hinüberqueren. Schnell fegen wir seilfrei kletternd den im Wettersteinführer als »überaus schwierig« bezeichneten

Nordanstieg hinauf. Nach 2fi Stunden haben wir 600 Meter Wand unter uns und stehen am Beginn des Seidelkamines und kurze Zeit später auf dem Bande unterhalb der Gipfelwand der Jungfernkarkopf-Nordwestwand. Am Fußpunkte des geknickten Risses seilen wir uns zusammen. Die beim vorjährigen Versuch in der Wand stecken gebliebenen Haken erleichtern uns die Arbeit. Knapp unterhalb der Umkehrstelle des ersten Versuches bricht mir während des Kletterns ein fast kopfgroßer Block aus. Erschreckt verfolgen meine Augen den stürzenden Stein, der mit zunehmender Geschwindigkeit auf den um 20 Meter tiefer stehenden Freund zurast. Ein Aufschrei, Martin war getroffen. Mit eiserner Energie klammert er sich am Standhaken fest, um nicht abzustürzen. Von seiner linken Hand tropft Blut, die Schulter scheint geprellt zu sein und der Arm beinahe gebrauchsunfähig, ein Weitersteigen unmöglich.

Nach einem waghalsigen Abseilmanöver stehen wir eine Stunde später wieder am Bande unterhalb der Gipfelwand und schimpfen ausgiebig ob unserem Mißgeschick. Dann suchen und finden wir Tröstung bei unserem für 2 Tage berechneten Proviant, den wir restlos vertilgen. Bei dieser Arbeit, der wir uns hingebungsvoll widmen, kehrt langsam die Beweglichkeit von Martins Arm zurück.

Wir beschließen, den Angriff fortzusetzen. Von dem geknickten Riß habe ich vorläufig genug, aber direkt über uns, wenige Meter rechts des schon erwähnten, mit ungangbarem Überhang abschließenden Kamines, sind in den senkrechten Wandfluchten feine Risse eingeschnitten, die einen geradlinigen Durchstieg zur Geröllterrasse unterhalb des Gipfels zu ermöglichen scheinen.

Nach einstündiger Pause machen wir uns an die Arbeit. Die senkrechten Platten bieten kleine, aber eisenfeste Haltepunkte, nur selten werden wir gezwungen, Haken einzutreiben. Leichter, als wir geahnt haben, kommen wir höher. Die Kletterei in dem steilen, rauhen Gestein ist herrlich und genußvoll. Einige äußerst schwer ersteigbare Überhänge verlangen den Einsatz unseres ganzen Könnens und vermehren daher die Freude an der Fahrt.

Auf der Geröllterrasse knapp unterhalb des Gipfels legen wir die Seile ab. Gemächlich bummeln wir durch Rinnen und Kamine zum höchsten Punkte des Berges empor. Am Gipfelsteinmann lassen wir uns zur Rast nieder. Aus den Wänden um uns wälzen sich Lawinen und stürzen in die Kare. Die Pfingstsonne strahlt auf die Berge des Wettersteins und glänzt auf den schwarzen Schwingen der Dohlen, die unseren Gipfel umkreisen. Zufrieden träumen wir hinein in unsere rauhe und schöne Bergheimat, denn unser Wunsch, den 1000 Meter hohen Nordwestabbruch des Jungfernkarkopfes zu durchklettern, ist erfüllt.

ADOLF GÖTTNER (14.8.1914–15.6.1937), gehörte in den dreißiger Jahren zu den führenden Alpinisten Deutschlands, kam am Nanga Parba ums Leben

Erste Durchkletterung der Südwand des Hohen Gaif

Leo Rittler, Facsimile 1928

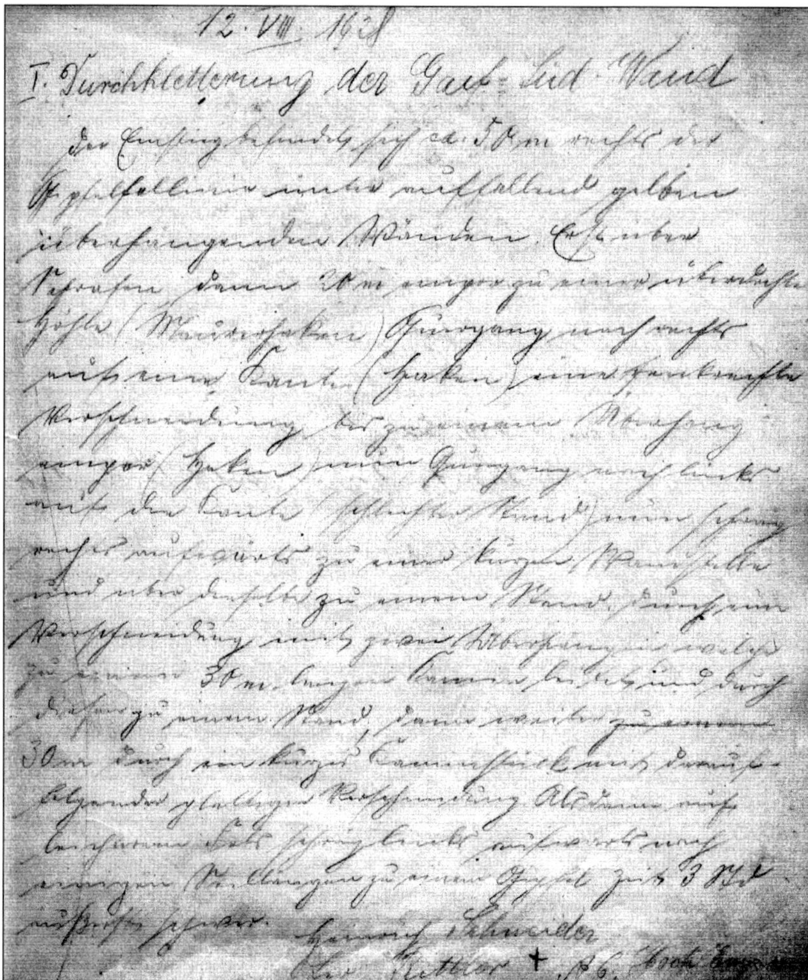
12. VII. 1928

I. Durchkletterung der Gaif-Süd-Wand

Allein vom Hochblassen zur Zugspitze

Otto Eidenschink

Allein am Berg – fragen wir nicht nach dem Warum! Es gibt ein Für und ein Wider, die Gründe mögen jeweils verschieden sein, so verschieden wie die Menschen selbst. Für mich war damals vor fünfundzwanzig Jahren der Hauptgrund des Alleingehens die Gefährtenfrage. Meine Seilfreunde hatten im Sommer viele schöne Bergfahrten erleben dürfen, wogegen ich hinter Kasernenmauern, fern vom Gebirge, die Zeit verbringen musste. An den dienstfreien schönen Sonntagen stand ich auf den Höhen südlich von Augsburg und schaute voller Sehnsucht zur Alpenkette am Horizont. Ich zählte – drei Monate, zwei Monate –, und endlich, Anfang Oktober, kam der Tag Entlassung. Für mich war der Weg in die Berge wieder frei! Bei jeder Witterung war ich von nun an abends nach der Arbeit im Grünwalder Klettergarten. Jeden Samstag ging es nach Arbeitsschluss mit dem Rad in die Berge, auf der Hütte traf ich wieder Gefährten. So vereinte uns die letzte Bergfahrt im Herbst noch mal in der Gaif-Südwand: Herbert Paidar, Ludwig Vörg, Ludwig Schmaderer und mich.

Weihnachten 1936 kam. Allein stieg ich durch das Reintal zur Stuibenhütte auf. Der Weg war schön, trotz aller Anstrengung. Durch tiefen Pulverschnee und verschneiten Bergwald zog ich meine einsame Spur. Stille und weihnachtlicher Friede umgaben mich. Es fing schon an zu dunkeln, als ich die vom Kreuzeck kommende und zur Stuibenhütte führende Spur erreichte. Die Nacht brach ein, ohne stilles Leuchten auf den Höhen, ohne lange Schatten in den Tälern. Der Himmel war trüb und mit schneeträchtigen Wolken verhangen. Am nächsten Morgen, dem zweiten Feiertag, lagen dreißig Zentimeter Neuschnee vor der Hütte. Das Gewölk begann sich zu lichten, vereinzelte blaue Flecken leuchteten durch das Grau des Himmels. Nach der großen Kälte zu schließen, waren die Wetteraussichten günstig. So war es für mich eine rasche Entscheidung, auf den Hochblassen zu gehen zur Erkundung des Grates. Mit zwei weiteren Hüttengästen aus Garmisch, die mir vom Sommer aus dem Oberreintal bekannt waren, zog ich, mit den breiten Sommerschiern spurend, unterhalb der Stuibenwände entlang und hinauf zum Stuibensee, hinein ins Grieskar. Einzelne Wolken zogen noch um die hochwinterlichen Gipfel der Alpspitze und des Hochblassen. Zum Glück war der zur Grieskarscharte emporziehende Steilhang nicht lahnig. Die Bretter verstauten wir abseits der Schneerinne, um, durch diese ansteigend, den Grat und später den Gipfel zu erreichen. Lange saßen wir im Windschatten des Gipfels. Blauer, leicht dunstiger Himmel überspannte das Wettersteingebirge.

Das Wetter hatte sich endgültig zum Besseren gewendet. Mein Entschluss, den Grat bis zur Zugspitze zu versuchen, stand fest. Wohl war mir der sechs Kilometer lange Gratweg vom Sommer her unbekannt, was hätte auch diese Kenntnis bei hochwinterlichen Verhältnissen genützt?
Der volle Mond stand längst über der Soierngruppe, die Grate warfen lange Schatten auf die silbern glänzenden Hänge. 21 Uhr. Zeit zum Nachtessen. »Ja«, meinte der Franzl und gab einen Batzen Fett in die Pfanne, »der Schmarrn muss lang herhalten, wann willst du denn weggehen?« – »Ich meine, so um Mitternacht.«
Als ich zu dieser Zeit die Hütte verlasse, durch die Schneerinne ansteige und in die Scharte komme, liegt der Grat in vollem Mondlicht vor mir. Eine grenzenlose Einsamkeit ringsum, das große Erlebnis dieser Bergfahrt. Ein kurzes Verschnaufen nur, ein Schauen über die vielen, vom hellen Mondlicht überfluteten Gipfel in der Runde, dann beginne ich den Abstieg durch die mit blankem Eis angefüllte süd-westliche Rinne. Die Umgehung auf der Westseite ist zu lawinengefährlich. Der Abstieg ist schwer, das Eis glashart und sehr steil. Eine kurze Querung, und ich stehe auf dem Grat, der zur Vorderen Höllentalspitze emporzieht. Die Felsen sind abwechselnd mit Eis überzogen oder tief verschneit. Bis an die Hüften wühle ich im Pulverschnee. Um 8 Uhr erreiche ich die Grathütte. Rast gibt es jedoch keine, der Weg ist noch zu weit, der Rucksack schwer.

Er enthält nicht nur eine komplette Biwakausrüstung mit Kocher und Benzin, es sind auch noch die Sommerschier draufgeschnallt, mit denen ich über das Platt abfahren, das Reintal und Garmisch erreichen will, wenn ich den Grat überwunden habe. Stunde für Stunde vergeht, die Zeit vergeht wie im Fluge. Die Sonne gibt mir nun angenehme Wärme. Das Gelände nimmt meine ganze Aufmerksamkeit in Anspruch, aber ich sehe den zartblauen Himmel über mir, in der Runde das helle Leuchten der stillen Gipfel des Wettersteins. Ich kann auf dem Platt tief unter mir die vielen Schifahrer erkennen. Dort unten spürt man nichts von der geradezu arktischen Einsamkeit hier oben. Der Abstieg von der Inneren Höllentalspitze ist mir als am schwierigsten in Erinnerung. Erst stark vereiste Felsen, dann eine sehr steile, mit Pulverschnee angefüllte Rinne, die wieder in plattigen Fels übergeht. Von der nächsten Rinne trennt mich noch ein vereister Überhang. Lange überlege ich, wie ich ihn wohl überwinde, denn einen Abseilhaken kann ich nicht anbringen. Ein Sprung? Es sind etwa fünf Meter! Ein sehr steiler Aufsprung! Nun überlege ich nicht mehr lange, seile zuerst den Rucksack ab und springe. Ja, das war wohl hoch, bis an den Bauch stecke ich im Schnee.

Der Weiterweg: überwächteter Grat, vereiste Felsen, die ich teilweise auf der Süd- oder Nordseite umgehe. Weit ausladende Wächten versperren öfter den Grat, fast aussichtslos erscheint es, und doch geht es immer weiter. Ein sehr steiler Grataufschwung verlangt mein ganzes technisches Können. Zweimal muss ich zurück, der Rucksack ist zu schwer, die Tritte, die den Tricouninägeln Halt bieten sollen, zu klein. Ich versuche es ohne Rucksack und seile ihn nach. Da bleibt mir das Ungetüm auch noch am Überhang hängen. Endlich habe ich ihn bei mir, der Weiterweg zur Zugspitze ist frei. Schon bricht die Nacht an. Still kommt sie aus den Tälern herauf. In Garmisch blitzen die ersten Lichter auf, es werden mehr und mehr. Dort ist Wärme und Behaglichkeit. Ich stehe und schaue, warte auf den Mond, der mir den Weiterweg erhellen soll, und hänge meinen Gedanken nach. Wie winzig ist doch der Mensch im Weltenablauf! Wie ungeheuer die einsame Natur, wie mächtig dem Menschen gegenüber!

Was hülfe mir hier oben aller Besitz. Nur meinen unverrückbaren Willen zum Durchhalten kann ich dagegenstellen, mein Gewinn wird die äußerste Anstrengung verlangen, die Überwindung aller Schwierigkeiten des Weges. Dies wird mich Mensch sein lassen. Dort unten, wo die Lichter schimmern, wird freilich der Mensch anders gemessen. Zu weit sind sie dort unten schon entfernt von dem, was mich hier umgibt, was mir das Ringen mit der unerbittlichen Natur wert ist.

Nun schiebt sich der Mond groß und rot hinter der Soierngruppe herauf. Im Höhersteigen wird sein Schein weißer und heller, bis eisklares Licht die kleinste Erhebung umfließt. Ich kann weitergehen. Die Schuhe sind beinhart gefroren, die Füße zu Eisklumpen geworden, ich fühle sie nicht mehr. Nur weiter, ich kenne keine Müdigkeit, darf keine kennen; bis zu den Knien reicht der Schnee. So wühle ich Stunde für Stunde bergwärts. Nur wenige Sterne vermögen sich gegen das helle Mondlicht zu behaupten. Kurz vor Mitternacht erreiche ich das Münchner Haus auf der Zugspitze. Der Meteorologe hat Besuch. Beide starren mich entgeistert an, fragen schließlich, wo ich herkäme. Ich sage ihnen, dass ich vom Hochblassen über den Grat gegangen bin. Sie meinen, ob mein Begleiter noch draußen ist? »Ich hab' keinen Gefährten dabei ...« »Allein? – Den Grat ist im Hochwinter noch keiner gegangen!« Das weiß ich nicht, und es ist mir auch gar nicht wichtig; ich habe ein großes Erlebnis gehabt, das mich um vieles reicher gemacht hat. Der »Wettermacher« versorgt mich rührend mit heißem Tee und Suppe, kann es aber nicht lassen, unentwegt zu fragen.

»Wann bist du denn weg vom Stuiben?« – »Vor vierundzwanzig Stunden.« – »Bist du da vielleicht in einem Stück durchgegangen? Du wirst doch was zum Essen und Trinken dabei gehabt haben?« – »Doch, das schon, aber keine Zeit dazu.« – »Ja, warum bist du dann net eher eingestiegen?« – »Ich hab' doch zuerst schauen müssen, wie die Verhältnisse sind, darum bin ich zuerst mit zwei Garmischern auf den Blassen, dann hab' ich den Rucksack gepackt, das letzte Mal etwas gegessen, zwei Stunden gerastet und fort bin ich.« Ich hab' das Gefühl, dass er nun endlich genug gefragt hat und widme mich meinen Schuhen, die inzwischen etwas aufgetaut sind, sodass ich sie ausziehen kann. Es kommt wieder Leben in meine Füße. Ich trinke noch eine Unmenge heißen Tee, und nach vier Stunden quäle ich meine leicht gefrorenen Füße wieder in die bocksteifen Stiefel. Der Abstieg zum Schneefernerhaus ist einfach, auch die Abfahrt ins Reintal geht glatt vonstatten. Um 10 Uhr steige ich in den Zug nach München und bin um 14 Uhr wieder an meinem Arbeitsplatz; der Alltag fängt wieder an.

OTTO EIDENSCHINK (*1.11.1911), Bergführer und Erstbegeher mehrerer klassischer Alpenwände, gründete die »Münchner Bergsteigerschule«, Autor mehrerer Bücher. 1999 erschien seine Autobiographie »Steil und Steinig« (Panico Alpinverlag, ISBN 3-926807-68-7).

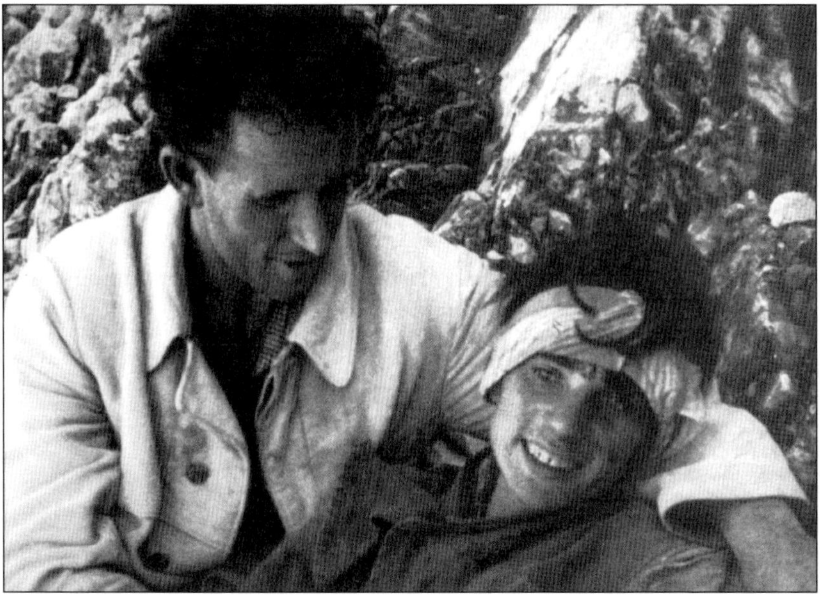

Der Beginn einer langen Freundschaft.
Wiggerl Gramminger und Erwin Vuzem nach der Rettung.

Zehn Tage Hoffnung und Verzweiflung in der Hochwanner-Nordwand

Hans Steinbichler (nach Ludwig Gramminger und Erwin Vuzem)

Am Samstag, dem 18. September 1937, schnallten in München drei Bergsteiger ihre Rucksäcke auf die Fahrräder und radelten aus der Stadt in Richtung Süden, nach Garmisch. Für die Münchner war dies ein vertrautes Bild: Die Bergsteiger, vor allem die alpine Jugend, hatten damals nicht die Mittel, ein Motorrad oder ein Auto zu kaufen. Darüber hinaus brachte die Anreise mit dem »Flachsen-Bugatti« schon etwas von der so wichtigen Kondition, denn das Unterbieten der Geh- und Kletterzeiten war allgemein beliebt. Die drei Alpinisten Adolf Haberl (30), Georg Baumgartner (18) und Erwin Vuzem (17) hatten nach den rund hundert Kilometern Anfahrt noch genügend Kraft, um ins Oberreintal aufzusteigen, wo sie in der Nähe der Hütte ihr kleines Zelt aufstellten. Am folgenden Morgen, das Wetter war noch gut, durchkletterten sie die Ostwand des Oberen Schüsselkarturms (IV). Gerade noch rechtzeitig vor einem aufziehenden Unwetter gelangten sie zur Oberreintalhütte, die schon damals vom legendären Fischer Franz bewirtschaftet wurde. Die Nacht zum Montag verbrachten Georg Baumgartner und Erwin Vuzem in ihrem Zelt, während Adolf Haberl abstieg, um nach München zurückzufahren, da er am Montag wieder arbeiten musste. Die beiden Jungen hatten jedoch eine Woche Urlaub und wollten in die Nordwand des Hochwanner einsteigen. Haberl wusste von diesem Plan, doch Erwin Vuzem hatte zu Hause erklärt, dass sie nur zum Zelten in die Berge fahren wollten.

Am Morgen regnete es, und so beschlossen die beiden, ihr Zelt im Oberreintal abzubrechen und es tiefer unten, am Fuß des Hochwanner, wieder aufzustellen. Dort, in der Nähe der Hinteren Blauen Gumpe, übernachteten sie.

Am Dienstag, dem 21. September 1937, bei klarem kalten Wetter, begannen sie mit dem Aufstieg. Die Direkte Nordwand ist mit dem Schwie-

rigkeitsgrad V bewertet. Sie wurde damals in der Regel mit einem Biwak begangen. Trotz ihrer Jugend waren die beiden aufgrund ihres kletterischen Könnens den technischen Schwierigkeiten gewachsen. Sie beabsichtigten sogar, die Wand in einem Zug, ohne Biwak, zu durchsteigen, hatten das Biwakzeug jedoch dabei. Die nötige Erfahrung für Wände solcher Höhe war bei beiden aber sicher noch nicht vorhanden.
Überraschenderweise verschlechterte sich das Wetter im Lauf des Vormittags, weshalb Baumgartner und Vuzem beschlossen, statt der Direkten die Alte Nordwandroute anzugehen, die einen bis eineinhalb Grad leichter eingestuft ist. Bald hüllte sich die Wand in Nebel, und wenig später begann es sogar zu schneiden. Sie befanden sich etwa vierhundert Höhenmeter unter dem Gipfel, und da der Schneesturm die Wand in kürzester Zeit in Weiß getaucht hatte, wurde beschlossen, hier zu biwakieren.
Dieses Biwak in einer schwierigen Wand, auf einem abschüssigen Band im Toben des Schneesturms, stellte die beiden jungen Kletterer auf eine harte Probe. Besonders Baumgartner setzten die Umstände so zu, dass er in dem Glauben, dass sie wohl aus dieser Situation nicht lebend davonkommen würden, zu phantasieren anfing. Nun lasteten Verantwortung und Führung vollständig auf Erwin Vuzem. Der Schneesturm dauerte bis in den Morgen, und bei Tageslicht zeigte sich die Wand in winterlichen Verhältnissen. Die Situation hatte sich dramatisch zugespitzt. Vuzem übernahm nun die Führung und begann, sich durch die Schneemassen nach oben zu kämpfen. Doch es war ein langsames Vorrücken – nur hundert Höhenmeter schafften die beiden an diesem Tag, ein zweites Biwak war fällig. Und da hatten sie Glück. Sie fanden unter einer überhängenden Verschneidung einen Platz, der von Vuzem mit mehreren Haken gesichert wurde. Zwischen die Haken verspannte er das Seil so, das es fast wie eine Hängematte zu benützen war. Um in den Biwaksack zu gelangen, zog Erwin seine Schuhe aus und löste sich vom Seil. In diesem Moment brach der Haken aus dem Fels, der die vordere Seilschlinge hielt, auf der Erwin saß, und er fiel kopfüber die Wand hinunter. Sein Fall kam nach etwa dreißig Metern in einer steilen, schneegefüllten Rinne überraschend zum

Stillstand: Der Schnee bremste den Sturz für Vuzem fast verletzungsfrei, nur eine Schramme über dem linken Auge war zu verschmerzen.
Auf sein Rufen um Hilfe kam keine Antwort, und da es nun dunkel geworden war, wagte er nicht, zum Biwak hinaufzuklettern, zumal er nur Strümpfe an den Füßen hatte. Er stand in der Schneerinne und konnte sich nicht bewegen, da die Gefahr eines weiteren Absturzes bestand. An den Füßen erlitt der Bub in dieser Nacht schwere Erfrierungen. Erwin Vuzem kletterte jedenfalls bei Tagesanbruch die dreißig Meter zum Biwakplatz hinauf – und fand ihn geräumt, leer. Das Seil war abgezogen, Rucksäcke und Schuhe waren fort, es war nichts geblieben. Erwin konnte sich diese Umstände nicht erklären, doch seine Situation hatte sich erneut verschlimmert. Während des Aufstiegs hatte er in der Wand eine kleine Höhle entdeckt, zu der er sich nun mit seinen erfrorenen Füßen wieder hinabkämpfte. Dort hinein kroch er und hoffte auf ein Wunder.
War Baumgartner etwa abgestiegen oder hatte er gar den Gipfel erreicht? Es verblieb ein Funken Hoffnung.
Mittwoch, 22. September 1937. In einer Höhle in der Nordwand des Hochwanner hoffte ein junger Mensch auf Hilfe, die nicht kommen konnte, denn sein Kamerad war zu diesem Zeitpunkt bereits tot – ein während des Abseilens ausbrechender Haken ließ ihn abstürzen. Auch er landete, äußerlich unverletzt, im Schnee, zog sich aber schwere Schädelverletzungen zu. Diese führten zweifellos nicht sofort zum Tod, denn die Rettungsmannschaft fand ihn später, eingewickelt noch ins Seil, eine angerauchte Zigarette zwischen den Fingern.
Von all dem wusste Erwin nichts, und zu seiner Hoffnung auf baldige Rettung kam eine Wetterbesserung, die nun die Sicht ins Reintal, zur Knorrhütte und zum Gipfel der Zugspitze erlaubte. Tief unten auf dem Weg sah er am Vormittag einen Lastentransport zur Hütte: Ein voll bepacktes Muli und der Mulifführer zogen ihres Weges. Seine Rufe verhallten wohl ebenso im Rauschen der Partnach wie das Krachen der Steine, die er hinabwarf, um auf seine Lage aufmerksam zu machen. Der Tag verging ohne Essen und Trinken, ohne Hilfe.

Donnerstag, 23. September 1937. Das Wetter hatte sich stabilisiert, die Sicht reichte zu den umgebenden Gipfeln. Auch heute kamen Muli und Treiber wieder – hinauf und hinunter. Er schrie verzweifelt, warf Steine in die Tiefe – umsonst. Der Hunger wurde hart. Seit drei Tagen hatte der Bub nichts mehr gegessen, den Durst stillte ihm notdürftig der Schnee. Warum kam ihm niemand zu Hilfe? Was war mit seinem Kameraden? Der Tag verging, die dritte Nacht in der Höhle begann.

Freitag, 24. September 1937. Immer, wenn er in der Nacht aufwachte, sah er die Lichter des Münchner Hauses auf der Zugspitze. Dort gab es zu essen und zu trinken, dort gab es Geborgenheit. Für ihn jedoch hieß es warten – und die Hoffnung schwand. Erwin überdachte sein bisheriges Leben, er erinnerte sich an seine Mutter, an die Schulkameraden, an die Lehrer. Er dachte an seinen Religionslehrer, an die Worte aus der Bibel, und begann zu beten. Muli und Treiber kamen wieder den Weg hinauf und hinunter, aber das Rauschen des Bergbachs übertönte alle Hilferufe. In seiner Anoraktasche fanden sich ein kleiner Zettel und ein Stück Bleistift. Erwin begann mit kleiner Schrift an seine Mutter zu schreiben, er beichtete ihr alle seine Sünden und versprach ihr, ein besonders lieber und folgsamer Sohn zu werden, wenn er aus dieser Lage befreit würde. Dann dämmerte er stundenlang, zwischen Schlaf und Wachen, zwischen Hoffen und Bangen.

Samstag, 25. September 1937. Das Hungergefühl hatte abgenommen, aber der Durst war stärker geworden. Das anhaltende Schönwetter, die spätsommerliche Wärme, hatten den Schnee geschmolzen. Erwin konnte nun nicht mehr nach Belieben Schnee essen, aber er hatte Glück: Im hintersten Winkel der Höhle sickerte Wasser heraus, tropfenweise. Er konnte es nirgends auffangen, er hatte ja kein Gefäß. Da kam ihm die Idee, die Feuchtigkeit mit seinem Taschentuch aufzunehmen und sie aus dem Stoff zu saugen. Er schrieb weiter auf dem Zettel und beobachtete den ganzen Tag über den Weg, aber es ließ sich niemand sehen. Immer wieder stellte er sich vor, wie es sein würde, wenn seine Retter erschienen – er kannte sie ja, die Bergwachtmänner aus Garmisch, die Kletterer – den Wiggerl

Gramminger, den Hans Hintermeier, Paul Liebl ... , und beim Gramminger war er im vergangenen Jahr zu einem Sanitätskurs der Bergwacht gewesen.

Sonntag, 26. September 1937. Erwin glaubte nun nicht mehr an eine Rettung, er war zutiefst verzweifelt, aber von irgendwoher sammelte er Kräfte und wollte der Wand nach oben entkommen und über den Gipfel absteigen. Es war warm, das Wetter schön. Schon bei den ersten Metern, die er kletterte, platzten die Frostbeulen seiner schweren Erfrierungen, die Füße bluteten und schmerzten. Auch der Durst war wieder da, doch hier gab es nirgendwo Wasser. Über ihm noch vierhundert Meter schwerer Fels, und was würde sein, wenn er den Gipfel erreichte, würde er weiterkommen, würde er mit seinen zerschundenen Füßen absteigen können? Der Mut verließ ihn wieder, fünfzig Meter hatte er in zwei Stunden geschafft, er wollte wieder zurück in die Höhle, zurück zu seinen Wassertropfen. Um den Rückweg musste er sich keine Sorgen machen – eine Blutspur leitete hinab zur Höhle. Erleichtert kroch er zurück in sein Gefängnis, sog das Wasser aus dem Taschentuch. Dann schlief er erschöpft ein, er hatte viel Blut verloren.

Montag, 27. September 1937. Heute morgen wäre der Urlaub von Erwin und Georg abgelaufen, heute sollten sie wieder an ihrem Arbeitsplatz sein. Für Erwin war das eine Lehrstelle in einem Elektrogeschäft. Seine Mutter würde ihn wohl zu suchen beginnen, sie würde vielleicht in die Geschäftsstelle der Bergwacht im Münchner Hauptbahnhof, im Südbau, gehen und fragen, was sie tun sollte. Georg hatte das Tal nicht lebend erreicht, dessen war sich Erwin nun sicher. Aber wo sollte die Bergwacht suchen? Er hatte seiner Mutter ja nicht erklärt, was sie sich vorgenommen hatten. Vielleicht würde die Mutter den Adolf fragen, ihren Kameraden, der fürs Wochenende mitgefahren war, oder die Bergwacht würde das Zelt am Fuß der Wand finden.

Aber wie lange würde es dann noch dauern, bis die Retter auftauchten? Würde er es noch erleben? Die Füße eiterten, sie waren zu unförmigen Klumpen geschwollen, die Haut war blau und schwarz, sie waren gefühllos und schmerzten auch nicht. Die Schlaf- und Dämmerphasen wurden länger.

Dienstag, 28. September 1937. Das Wetter war anhaltend schön. Erwin sah unten am Weg zwei Bergsteiger aufsteigen, aber er war schon so geschwächt, dass sein Rufen in der nächsten Umgebung nicht mehr zu hören gewesen wäre. Der Tag war zum großen Teil mit Schlafen ausgefüllt. Doch in den Stunden, in denen Erwin wach war, überdachte er mit klaren Gedanken seine Lage. Wenn die Mutter gestern bei der Bergwacht gewesen war, müssten heute die Retter kommen. Doch in der Wand blieb alles ruhig. Nachts glänzten die Lichter des Münchner Hauses und der Wetterstation herüber. Erwin erinnerte sich an seine Tour auf den höchsten Berg Deutschlands vor zwei Jahren. Auch damals waren sie mit den Rädern nach Garmisch gefahren, hatten in der Jugendherberge Hammersbach übernachtet und waren am anderen Tag durchs Höllental auf die Zugspitze gestiegen. Noch am selben Tag war es wieder hinabgegangen und mit dem Rad nach München, wo sie gegen Mitternacht angekommen waren.

Mittwoch, 29. September 1937. An diesem Tag war Erwin klar, dass er verloren sein würde. Neun Tage war er nun schon in dieser furchtbaren Wand. Niemand wusste wohl, dass sie in diese Route eingestiegen waren, und Adolf würde niemand gefragt haben. Vielleicht wusste er noch nicht einmal, dass sie abgängig waren. Die Mutter hatte gewiss die Bergwacht verständigt, aber wo sollte die suchen, wenn nicht bekannt war, was die beiden vorgehabt hatten. Tiefe Hoffnungslosigkeit erfasste ihn. Er konnte nun nicht einmal mehr weinen ...

Donnerstag, 30. September 1937. Wieder begann ein herrlicher herbstlicher Tag. Erwin registrierte es schon gar nicht mehr. Unten im Reintal sah er einige Bergsteiger marschieren. Sie werden wohl von der Reintalangerhütte gekommen sein. Es wurde Mittag, und es war wie all die Tage vorher, nur die Trostlosigkeit hatte zugenommen. Hoffnung hatte er keine mehr, er wartete nun auf den Tod, der ihm gar nicht mehr so schlimm erschien. Es ging auf 3 Uhr, da vermeinte er Stimmen zu vernehmen. Doch er befürchtete, es könnten nur Halluzinationen sein, wie sie Georg beim ersten Biwak bekommen hatte. Aber nein, die Stimmen waren deutlich zu hören. Zwei Männer unterhielten sich ganz in seiner Nähe – da war kein Irrtum mehr möglich, die Retter waren da! Erwin beugte sich aus seinem Lagerplatz und sah zwei Kletterer langsam die Wand hinaufsteigen und er erkannte sie sofort: Es waren Hans Hintermeier und Paul Liebl, bekannte Alpinisten der Münchner Bergsteigergilde, die Erwin von Buchenhain, dem Münchner Klettergarten, her kannte. Erwin wollte rufen, aber es kam nur ein krächzender Laut aus seiner Kehle. Aber die beiden Kletterer hatten ihn gehört, jetzt konnten sie ihn sehen, und Erwin hörte, wie einer sagte: »Der lebt ja noch!« Gleich darauf blies einer von ihnen in ein Horn: Dreimal lang – lebend gefunden. Dann standen die beiden Männer vor Erwin, für den ein neues Leben begann.

Die Rettung

Am Dienstag, dem 28. September 1937, es war ein schöner herbstlicher Tag, kam eine Frau in unsere Dienststelle im Hauptbahnhof-Südbau und erzählte uns in heller Aufregung, dass ihr Sohn Erwin seit über einer Woche in den Bergen sei und am Sonntag heimkehren sollte. Es war jetzt 9 Uhr vormittags, und er war noch nicht zu Hause. Solche Fälle gab es bei uns fast jede Woche, und ich nahm zuerst einmal auf einem Vordruck die Personalien auf. Dabei stellte sich heraus, dass mir der Bub schon bekannt war, denn Erwin hatte im vergangenen Jahr bei mir einen Ausbildungskurs absolviert. Frau Vuzem wusste nur, dass Erwin mit seinem Freund Georg Baumgartner per Fahrrad nach Garmisch wollte, um zu zelten. Erwin war Mitglied der Sektion München und dort in der Jungmannschaft. Ich versprach der in Tränen aufgelösten Frau, die Sache sofort mit allen verfügbaren Mitteln zu verfolgen und sagte ihr, dass ich sie am anderen Morgen besuchen würde, um ihr unsere Nachforschungsergebnisse mitzuteilen.

Nachdem sich die Frau verabschiedet hatte, ging ich zunächst einmal die paar Meter hinüber in die Schillerstraße, wo sich die Geschäftsstelle der

Sektion München befand. Der damalige Leiter, Max Schall, konnte mich mit dem Führer der Jungmannschaft verbinden, der mir sofort mitteilte, dass die beiden zum Klettern ins Oberreintal wollten. Nach dieser Auskunft lief ich zurück in unsere Geschäftsstelle und telefonierte mit der Rettungsstelle der Bergwacht in Garmisch-Partenkirchen. Ich ordnete an, dass sofort einer der Bergwachtmänner ins Oberreintal hinaufsteigen sollte, um dort oben den Wirt, den Fischer Franz, zu befragen. Zugleich sollte man nach zwei Rädern und nach einem Zelt suchen und jede Wahrnehmung umgehend nach München telefonieren.

Als ich in unsere Dienststelle zurückkam, setzte ich sogleich eine Vermisstenanzeige auf, die am anderen Morgen in beiden Tageszeitungen Münchens erscheinen sollte. Sie hatte folgenden Wortlaut:

Ziel unbekannt. Zwei Lehrlinge in den Bergen vermisst

Die Landesstelle Bayern für das Alpine Rettungswesen des D.u.Oe.A.V. (Deutsche Bergwacht) teilt mit: Vermisst werden die beiden 18-jährigen Lehrlinge Erwin Vuzem und Georg Baumgartner aus München. Sie sind am 18. September nachmittags mit ihren Fahrrädern (Marke Weltflieger) von München aus in die Berge gefahren und sollten am 22. September wieder zurück sein. Über das Ziel ihrer Fahrt konnten die besorgten Angehörigen keine Angaben machen. Vuzem ist 1,70 Meter groß, kräftig gewachsen, hat braune Haare, blaue Augen und Münchner Sprechweise. Bekleidet ist er mit blau-weiß gestreiftem Hemd, Trenkerhose, braunmeliertem Pullover, braunen Strümpfen, grauer Windbluse, Bergschuhen und trägt Norweger Rucksack. Sein Begleiter Baumgartner ist ebenfalls 1,70 Meter groß, von gleich kräftiger Gestalt, hat schwarze Haare, schwarze Augen und spricht Münchner Dialekt. Bekleidet ist er mit Manchesterhose mit lederbesetzten Knien, blaukariertem, etwas verwaschenem Hemd, ärmellosem rötlichem Pullover, Windbluse und Bergschuhen.

Bergsteiger und Wanderer, die Wahrnehmungen machen, die auf eine Spur der Abgängigen führen könnten, werden gebeten, umgehend die Deutsche Bergwacht, München-Hauptbahnhof, Südflügel, Telephon 58886, benachrichtigen zu wollen.

Damit war meine Arbeit zunächst einmal erledigt. Überraschenderweise kam aber kurz nach Mittag die Nachricht aus Garmisch, dass die Räder der beiden Buben am Eingang zur Partnachklamm gefunden worden waren und dass der Fischer Franz die beiden am vorletzten Sonntag in seiner Hütte kurz gesprochen hatte. Aufgrund einiger Worte, die er von den beiden hörte, nahm er an, dass Vuzem und Baumgartner, als sie am Montag ihr Zelt zusammenpackten und abstiegen, in die Nordwand des Hochwanner wollten.
Diese Nachricht brachte uns die Bergwacht Garmisch, wie erwähnt, schon kurz nach Mittag – denn unser Kamerad war in einer erstaunlich kurzen Zeit zur Oberreintalhütte und zurück gerannt. Nun war sicher, dass sich hier ein Unglück ereignet hatte. Ich bemühte mich sofort um die Aufbietung des »Dienstes VI«. Die Angehörigen desselben waren allesamt meine persönlichen Freunde und Kletterkameraden, denn die damals noch junge Bergwacht verfügte noch nicht über gut ausgebildete extreme Kletterer, wie das heute der Fall ist.
Als ich das Material für diesen Einsatz zusammenstellte, kam ein zweiter Anruf aus Garmisch: Am Telefon war der Fischer Franz und teilte mir mit, dass ihm die Sache keine Ruhe gelassen hätte und er ins Reintal abgestiegen sei, um nach dem Zelt zu sehen. Schon nach kurzem Suchen fand er ein kleines Zweimannzelt am Abschneider vom Oberreintalweg zum Weg zur Knorrhütte – direkt unter der Nordwand des Hochwanner. Somit war klar, dass die beiden in dieser Wand in Bergnot sein müssten, wenn nicht gar ein Unfall mit schlimmsten Folgen zu befürchten war. Ich dankte dem Fischer Franz für diese wertvollen Hinweise und bemühte mich um größte Eile bei der Zusammenstellung der Mannschaft.
Am späten Nachmittag besuchte ich noch die Familie Vuzem und erzählte von unseren Ermittlungen; und obwohl die Sache sehr ernst war, tröstete ich die Eltern damit, dass wir schon öfter bei unseren Einsätzen Verunglückte lebend auch nach langer Zeit geborgen hätten. Wieder zurück, widmete ich mich den weiteren Vorbereitungen, und als am Abend die Mannschaft beisammen war, besprachen wir alles Nötige.

Mittwoch, 29. September 1937. Am Morgen packten wir die Ausrüstung in unseren Mannschaftsbus, einen Chevrolet, den wir »Mandi« getauft hatten, und fuhren mit vier Kameraden nach Garmisch. Nach Rücksprache in unserer dortigen Rettungsstelle liefen wir weiter zum Eingang der Partnachklamm, packten die Rucksäcke und stiegen durch die Klamm ins Reintal hinauf. Unser erstes Ziel war der Standort des Zeltes, den uns der Fischer Franz beschrieben hatte. Wir fanden es, ohne lange zu suchen. Neben einigen Ausrüstungsgegenständen lagen dort noch verschimmelte Lebensmittel, die auch bereits von den Mäusen angefressen waren. Kein Zweifel – von hier waren die beiden eingestiegen. Wir beobachteten die Wand genau und suchten mit dem Fernglas Stück um Stück der Felsfluchten ab. Dann riefen wir und bliesen mit unserem Signalhorn in Richtung Wand. Es rührte sich nichts. Mittlerweile war es Abend geworden, und wir beschlossen, in der Reintalangerhütte zu übernachten. Der Wirt war erstaunt, als er die Rettungskolonne sah. Er hatte keine Hilferufe aus der Wand gehört.
Bei Tagesanbruch waren wir auf dem Weg zur Nordwand des Hochwanner, die mir recht gut bekannt war, denn erst vor vierzehn Tagen hatte ich mit meinem Freund Karl Grandl die Direkte Nordwand begangen, ohne Biwak, mit Abstieg nach Garmisch und Heimfahrt nach München. Wenn die beiden am vorletzten Montag in die Wand eingestiegen waren, dann kam heute, nach neun Tagen, unsere Hilfe auf alle Fälle zu spät. So lange hatte noch nie ein Bergsteiger in einer Wand verbracht. Aus diesem Grund packten wir zwei Leichensäcke in die Rucksäcke und verzichteten auch auf Proviant, da wir ja am Abend wieder zurück sein wollten. Wir stiegen zu fünft ein und gingen seilfrei. Nach zwei Stunden und etwa vierhundert Metern Höhe fanden wir ein Messer und Teile eines Fotoapparates – nun wussten wir, das musste die Route sein, die die beiden gegangen waren. Nach weiteren hundert Metern, am Beginn einer Steilrinne, auf etwa 2100 m, fanden wir einen toten Bergsteiger, sitzend, eingewickelt ins Seil, den Hut auf dem Kopf, eine Zigarette zwischen den Fingern. Im Seil war ein Haken eingefädelt – sicher der Grund des Absturzes, denn

der Haken musste sich gelöst haben. Warum aber war kein Karabiner eingehängt. Das blieb ein Rätsel. Der Tote war äußerlich unverletzt, und er musste noch gelebt haben, als er hier zu liegen kam. Was also war seine Todesursache? Als wir ihn in den Sack legten, entdeckten wir schwerste Schädelbrüche, allerdings ohne jede Verletzung der Kopfhaut.

In der Umgebung der Absturzstelle fanden wir zwei Rucksäcke. In dem einen steckten ein Paar Bergschuhe und ein Paar Kletterschuhe – das musste der Rucksack des Kameraden sein, denn im anderen Sack waren nur Bergschuhe. Die Kletterpatschen hatte der Tote ja an den Füßen. Im anderen Rucksack dagegen befand sich die komplette Ausrüstung des Seilgefährten, Was konnte da nur passiert sein? Wir suchten weiter, fanden aber nichts mehr. Ich schlug vor, dass zwei von uns die gesamte Route zum Gipfel durchsteigen sollten, um nach dem Seilkameraden zu suchen. Wir anderen bereiteten inzwischen die Totenbergung vor.

Eine halbe Stunde war vergangen, als wir ein Signal hörten: dreimal lang! Keine Frage, das hieß »Lebend gefunden«. Aber das war doch unmöglich! Die zwei konnten doch noch gar nicht so weit entfernt gewesen sein. Wir rannten los, stürmten hinauf und bald sahen wir die beiden Kameraden vor einem Felsloch. Sie winkten und riefen uns zu. »Er lebt!« Bald waren wir beisammen, und ich sah einen jungen Bergsteiger vor mir, lachend, ein Taschentuch um die Stirn gewickelt: »Ich habe ja gewusst, dass ihr kommt. Hat der Schorsch euch verständigt?« Wir betrachteten den Buben, dem die Augen tief in den Höhlen saßen, der völlig abgemagert war. Und wie sahen seine Füße aus! Zerrissene Strümpfe hingen über zerfetzter Haut, aufgebrochenen Frostbeulen, Eiter und Blut. Er erzählte uns mit wenigen Sätzen den Hergang des Unglücks, und nun war uns auch klar, weshalb wir unten beim Toten den Rucksack mit den Schuhen gefunden hatten. Ich sah auf die Uhr – es war höchste Zeit, wenn der Bub nicht eine zehnte Nacht in dieser Wand verbringen sollte. Wir berieten uns kurz. Zuallererst brauchten wir weitere Hilfe! Einer von uns musste noch bis zur Knorrhütte kommen, um von dort ins Tal zu telefonieren. Wir brauchten zudem ausreichend Essen für den Verletzten, der ja seit neun Tagen nichts mehr zu sich genommen hatte, denn wir selbst hatten ja nichts dabei, da es uns unmöglich erschienen war, dass jemand so lange Zeit ohne Nahrung sein konnte. Des weiteren sollte uns ein Arzt entgegenkommen und unsere Garmischer Kameraden sollten eine Trage zur Reintalangerhütte transportieren. Für diesen wichtigen Kurierdienst wurde Heinrich Sallerberger bestimmt, der sofort zu klettern begann und bald unseren Blicken entschwand.

Erwins Füße sahen schlimm aus. Mit all unseren Binden und Taschentüchern versorgten wir die eiternden Wunden. Mit einigen Reepschnurschlingen, die ich über meine Schultern legte, schaffte ich für Erwin eine Sitzgelegenheit, in die er nun hineingehoben wurde. Mit seinen Armen hielt er sich an meiner Brust fest, während Hans Hintermeier vorauskletterte und mich mit dem Seil von oben sicherte. Paul Liebl und Hans Ruder unterstützten mich mit ihren Armen von hinten. So setzen wir uns in Bewegung, langsam, vorsichtig, Schritt für Schritt. Welch ein Glück, dass das Wetter so stabil war. Nach und nach wurde es dunkel. Wir stiegen in der Nacht weiter und hatten zudem das Glück, dass der fast volle Mond in die Wand leuchtete.

Gegen Mitternacht endlich erreichten wir den Gipfel des Hochwanner – für mich das zweite Mal innerhalb von vierzehn Tagen. Acht Stunden hatten uns diese 400 Höhenmeter gekostet. Doch noch war unsere Reise nicht zu Ende, denn wir wollten noch hinunter zu den Grasbändern auf der Südseite, um so auch der grimmigen Kälte zu entrinnen, die uns auf dem Gipfel umfing.

Endlich, nach einer weiteren halben Stunde, erreichten wir das Gras und ich konnte die Last langsam von den Schultern gleiten lassen. Erwin klapperte mit den Zähnen – er war stark unterkühlt, wir mussten ihn wärmen. Ich schnitt den Rupfensack, den wir sonst für die Totenbergung verwendeten, zur Hälfte auf und setzte mich hinein. Dann nahm ich den Buben auf meinen Schoß und platzierte links und rechts einen der Kameraden ganz nahe an Erwin, und der dritte wärmte ihn mit dem Rücken von vorn. Über uns alle zogen wir einen Biwaksack.

Bei Erwin meldete sich nun der Hunger. Leise fragte er mich, ob ich etwas zu essen dabei hätte. Doch zu meinem Leidwesen musste ich gestehen, dass wir nichts mit uns führten. – Da fiel mir ein, ich hatte ja noch ein hartes trockenes Stück Brot in meiner Anoraktasche. Das konnte ich ihm geben, und es war gut, dass es so hart war, da musste er lange kauen – denn er verzehrte es mit Heißhunger. An Schlaf war nicht zu denken. So ließen wir uns die Geschichte noch einmal ganz genau erzählen, und dann mussten wir ihm auch sagen, dass sein Freund, der Schorsche, tot war. Erwin hatte das wohl erwartet, denn irgendwie musste er es sich ja auch erklären, weshalb die Retter erst am neunten Tag erschienen waren. Er zeigte uns auch den Zettel, den er in der vergangenen Woche an seine Mutter geschrieben hatte. Er bestand aus einer Einkaufsquittung, die von ihm bis an den Rand mit kleinster Schrift bekritzelt war. Trotz der Kälte und des Hungers waren dies fast feierliche Stunden, die wir da zusammen erlebten, und es erstaunte uns, dass der Bub dieses zehnte Biwak so tapfer durchstand, ohne eine Klage über seine Lippen zu bringen.
Langsam verging die Nacht, und die Kälte ließ uns früh aufbrechen. Wieder ging es in unwegsamen Gelände weiter, und dann standen noch einmal 100 Meter Aufstieg bevor, ehe die Scharte erreicht war. Hier endlich empfing uns die wärmende Sonne. Beim Abstieg ins Reintal sahen wir sehnsüchtig nach unseren Kameraden. Als wir sie erblickt hatten, sagte ich: »Jetzt gehen wir keinen Schritt mehr.« Langsam ließ ich den Erwin auf den Boden gleiten. Es war warm geworden, wir zogen dem Buben Pullover und Hemd aus, damit ihn die Sonne wärmen konnte. Sein Bauch war von blauen Flecken übersät. Auf meine Frage antwortete er zögernd, dass dies die Knöpfe meiner Hosenträger gewesen seien, die sich in seine Vorderseite gebohrt hatten. Auch die Knie waren in einem üblen Zustand – mit ihnen war er an den Felsen entlanggescheuert. Aber er hatte die Zähne zusammengebissen und kein Wort gesagt.
Dann waren die Kameraden da, mit großen Rucksäcken auf den Schultern. Und sie packten aus: Thermosflaschen mit heißen Getränken, die Erwin an sich drückte, um die Wärme zu spüren. Dann hatten zwei Mann

voll zu tun, um Erwin zu füttern: Weißbrot, Kekse, leichte Kost und dazu Getränke, die vom Arzt angeordnet wurden. Aber es langte bei weitem nicht. Er fragte: »Ist das alles?« Es blieb uns nichts anderes übrig, als die normale, die für uns bestimmte Kost mit ihm zu teilen, die er ebenfalls mit Heißhunger verschlang. Dann ging's weiter. Der Kuhn Hiasl und der Kleisl Luggi wechselten sich nun im Tragen ab, und zuletzt saß der Erwin auf dem Rücken des Fischer Franzl, der mit seinem »Reiter« zu rennen anfing und wie die wilde Jagd im Schutt des Kars nach unten sprang. Einmal ging's schief und beide machten mit dem Boden Bekanntschaft – aber der Franz hatte da seinen gängigen Satz auf den Lippen: »Scheiß da nix!« Nach zweieinhalb Stunden, gegen elf Uhr, erreichten wir die Reintalangerhütte, wo es wieder etwas zu essen und zu trinken gab. Und es schmeckte den Rettern wie dem Geretteten.

Die Garmischer Kameraden hatten eine Krankentrage auf die Hütte transportiert, an die ich ein leichtes Fahrgestell mit zwei Rädern montiert hatte – ein Vorläufer der einrädrigen Bergwacht-Trage, die dann zehn Jahre später zum Einsatz kam. Während zwei Kameraden der Garmischer Bergwacht den Erwin das Reintal durch die Partnachklamm hinausfuhren und -trugen, wenn dies nötig war, blieb ich mit den anderen auf der Hütte und bereitete die Totenbergung vor, die wir am nächsten Tag durchführen wollten. Der Abend war ausgefüllt mit der Erzählung dieser unglaublichen Geschichte, die auf uns alle tiefsten Eindruck gemacht hatte, und ich wies darauf hin, dass ein Mensch so lange nicht aufgegeben werden dürfe, solange er nicht gefunden worden sei.

Samstag, 2. Oktober 1937. Wieder erlebten wir einen bildschönen Herbsttag. Für uns brachte er die traurige Pflicht, den toten Georg Baumgartner zu bergen. Wieder ging es einen großen Teil der Wand hinauf, doch diesmal trugen wir die Last nicht bis zum Gipfel, sondern seilten sie in langer mühevoller Arbeit nach unten.

Der Abtransport auf dem viel besuchten Weg im Reintal war eine traurige Angelegenheit, besonders für die Wanderer und Bergsteiger, die darauf nicht vorbereitet waren.

Von Samstag auf Sonntag übernachteten wir in unserem Mannschaftswagen. Am Sonntagvormittag, bevor wir nach München zurückfuhren, besuchten wir den Geretteten im Partenkirchner Krankenhaus. Wir fanden Erwin in einem Zweibettzimmer, wo er mit einem älteren Kranken zusammengelegt worden war.

Auf meine Frage: »So, Buabei, wia geht's nacha« traten ihm die Tränen in die Augen, und er berichtete: »Morgen sollen mir meine Füße amputiert werden.« – »Ja, deswegn ham mir di aba net aus der Wand g'hoid.« Ich fragte nach dem diensthabenden Arzt, der mir bestätigte, dass die Erfrierungen so schwer seien, daß hier nichts mehr zu machen wäre. Ich war tief erschrocken: 17 Jahre und amputierte Füße! Mir kam in den Sinn, dass ich ja im Januar in der Watzmann-Ostwand zwei ähnliche Fälle erlebt hatte: Die Vettern Frey waren fünf Tage bei tiefen Temperaturen in der Wand gewesen und hatten sich ebenfalls schwere Erfrierungen zugezogen. Professor Magnus, Chef der Chirurgischen Klinik in München, hatte die beiden in Behandlung genommen und diese »hoffnungslosen Fälle« zum Guten gewendet. Die Erfrierungen, die Erwin in der Hochwanner-Nordwand erlitten hatte, waren zwar schlimmer, aber vor der Amputation musste doch noch alles Menschenmögliche versucht werden. Ich ging wieder in Erwins Zimmer und bat den Bettnachbarn, dass er dafür sorgen sollte, dass Erwin seine Kleider bekomme. Dann ging ich mit den Kameraden hinaus und telefonierte von unserer Bereitschaft nach München in die Klinik, wobei ich das große Glück hatte, den Professor am Sonntagvormittag im Krankenhaus zu erreichen. Ich schilderte ihm den Fall genau. Da nun in Mitteleuropa, noch dazu im Sommer, eine schwere Erfrierung keine alltägliche Sache ist, hatte der Herr Professor an diesem Fall plötzlich Interesse und fragte mich, ob sich der Patient eventuell für seine Vorlesungen in der Universität zur Verfügung stellen würde. Dies beantwortete ich ohne jede Rückfrage mit einem »Ja«. In zwei Stunden wollten wir in München sein.

Jetzt ging's wieder ins Krankenhaus und wir fanden den Buben angezogen mit seinen Bergklamotten im Bett sitzend. Ohne lange Erklärungen wurde er mir auf den Rücken gehoben, und es ging nach München in die Klinik.

Erwin Vuzem hatte eine wahre Glückssträhne. Prof. Magnus erwartete den Verletzten bereits mit einem Ärzteteam und begann sofort mit der Behandlung. Letztendlich gelang es ihm, den rechten Fuß vollständig und ohne bleibende Schäden zu heilen, Während links die beiden größeren Zehen amputiert werden mussten. Erwin erlebte eine neue, revolutionäre Behandlung seiner Erfrierungen und war ein paar Wochen lang Mittelpunkt des Interesses der Studenten, denen er auch seine Erlebnisse in der Wand berichten musste. Ein halbes Jahr später verließ der Bub das Krankenhaus und begann sofort wieder mit leichten Bergtouren zu trainieren. Seine Verletzungen heilten rasch, sodass er bereits ein Jahr darauf wieder zum Klettern gehen konnte. Was er in den neun Tagen in der Wand als lebensbedrohendes Erlebnis gefühlt haben musste, war aus heutiger Sicht vielleicht auch lebensrettend: Erwin wurde wegen dieser Verletzungen als Soldat ausgemustert und nicht zum Kriegsdienst eingezogen. Durch weiteres intensives Training steigerte er sein Können im Fels derart, dass ihm bald Touren in den höchsten Schwierigkeitsgraden gelangen, wie die Fleischbank-Südostwand, Bauernpredigtstuhl-Westwand, Karlspitze-Ostwand im Wilden Kaiser; im Wetterstein die damals schwierigste Kletterei, die Schüsselkarspitze-Südostwand. Im Kriegsjahr 1942 durchkletterten wir zusammen die Auckenthaler-Route an der Lalidererspitze-Nordwand, wobei er mit Toni Meier am Seil war, während mein Partner Sepp Emmer gewesen ist. Kurz vor dem Ausstieg erlebten wir dabei ein Gewitter, bei dem wir glaubten, unser letztes Stündlein sei gekommen.

Mit Erwin Vuzem verbindet mich seit damals, seit nun einem halben Jahrhundert, eine Freundschaft, die wir jedes Jahr am 30. September neu feiern. Erwin bezeichnet diesen Tag als seinen zweiten Geburtstag, und wir haben ihn 1985 gemeinsam gefeiert, als wir mit einigen Kameraden die Nordwand des Hochwanner noch einmal durchstiegen. Ich stand in meinem achtzigsten Lebensjahr.

Ludwig Gramminger (11.6.1906– 28.8.1997), Bergführer und Pionier der Bergrettung, Erfinder zahlreicher Rettungsgeräte, z.B. Stahlseilwinde, Gramminger-Sitz; bekannteste Bergrettungen: Erwin Vuzem nach 10 Tagen aus der Hochwanner-Nordwand und Claudio Corti aus der Eiger-Nordwand

Hans Steinbichler (*14.11.1936), gelernter Schriftsetzer und Maschinensetzer, war jahrelang verantwortlicher Redakteur der Zeitschrift »Bergwelt«, später Mitglied der Redaktion »Alpin«, heute freier Journalist, Vorträge und Buchautor

Mannschaftsfoto am Einstieg des Südpfeilers:
v.l.n.r. Werner Lindauer, Hans-Jörg Buchwieser, Sepp Zollner, Theo Reindl

Erstdurchsteigung des Südpfeilers der Blassenspitze

Werner Lindauer

Die letzten Sonnenstrahlen eines herrlichen Tages lassen die Gipfel vom Hochwanner bis zur Dreitorspitze noch einmal herrlich aufleuchten. Hoch über dem tief eingeschnittenen, schon ins Nachtdunkel sinkenden Reintal unterbricht das Schlagen eines Mauerhakens die Stille. »Theo, rotes Seil nachlassen« – der Karabiner schnappt in den Haken, es trennen mich nur mehr wenige Meter vom Stand, die ich frei erklettern kann. »Nachkommen!« Während des Seileinholens begutachte ich meine nähere Umgebung, die uns ja als Biwakplatz dienen muss. Mein Seilgefährte ist nun bei mir. Sofort beschäftigen wir uns mit dem Heraufziehen der Brotzeit und der Biwakausrüstung. Das Nachtquartier haben wir komfortabel ausgestattet. Theo schaukelt im Sitzbrett und ich liege erstmals in einer Hängematte. Beim Eindösen sind meine Gedanken schon beim nächsten Tag, bei der nächsten Seillänge, beim großen Überhang, bei der messerscharfen Kante, die ja direkt zum Gipfel führen soll. Haben wir doch erst in mühsamer harter Felsarbeit 70 Höhenmeter geschafft, davon 30 am heutigen Tage.

Unsere Versuche begannen schon im Sommer 1960. Damals wurden wir durch Gespräche mit älteren Bergkameraden darauf aufmerksam, dass an der Südseite der Blassenspitze ein sehr markanter, etwa 300 Meter hoher Pfeiler undurchstiegen in den Himmel ragt. Es bildete sich unter uns Mitgliedern der Jungmannschaft eine Gruppe junger Kameraden, um diesem noch echten Problem unserer Heimatberge den Schleier zu entreißen. Die bis zum Herbst erstiegenen 40 Höhenmeter wurden im Verlaufe mehrerer Sonntage mühsam erkämpft. Im Winter waren wir dann fest davon überzeugt, dass es in der nächsten Saison gelingen würde, einen Weg durch die Überhänge und Schwierigkeiten dieser Kante zu finden. Doch es wollte nicht recht, das Wetter machte uns immer wieder einen Strich durch die Rechnung. Wochenende für Wochenende zogen wir fort, mit schwer bepackten, großen Rucksäcken, vorbei an unserer so beliebten Skihütte am Stuiben und über den Schützensteig zu unserem längst errichteten Zelt in der Nähe des Einstieges. Nicht ein einziges Mal konnten wir Hand an den Fels legen, da uns jedes Mal das Plätschern des Regens auf unser Zeltdach oder die Kälte des über Nacht gefallenen Neuschnees weckte. So verstrich für uns das Frühjahr und somit schwand auch der Auftrieb für diese Tour.

Gut trainiert und voller Übermut begann für uns der Klettersommer 1962. Mit übergroßen Rucksäcken marschierten wir noch am Pfingsttreffen auf die Stuibenhütte. Die Feiertage wollen wir diesmal im Pfeiler verbringen. So kommt es, dass wir uns nun in 70 Meter Höhe bei einem sehr luftigen Biwak befinden. – Der Morgen beginnt für uns nicht sehr früh. Wir schälen uns erst um 8.30 Uhr aus unseren Schlafsäcken. Otto und Hermann brauchen wir längst nicht mehr zu wecken, sie haben unser Frühstück bereits fertig und wir müssen es nur noch Hochziehen. Um 10-Uhr sind wir endlich kletterfertig. Ich stehe am Beginn des großen Überhanges. Zuerst muss ich einige Meter nach rechts queren, bis ein dunkler Riss ansetzt, der schon von unten sichtbar ist und direkt über den Überhang führt. Es ist eine anstrengende und mühevolle Arbeit, Haken für Haken in Risse und Löcher, die ich erst mit kleinen Holzkeilen präparieren muss, einzutreiben. Nach einigen Metern erweitert sich der Spalt, sodass ich nur noch Holzkeile und u-förmige Blechhaken anbringen kann. Nun hänge ich an der luftigsten Stelle. Das Materialseil, das an mir befestigt ist, hängt weit von der Wand ab. Ich schätze den Abstand auf 20-Meter. Trotzdem ist in mir das Gefühl einer großen Sicherheit, da mich ja Theo, mein Freund, sichert. Die nächsten Meter bringen mich in eine Verschneidung, wo ich an gut sitzenden Haken meinen Hängestand ausbauen kann. Während des Nachkommens bricht Theo ein Haken aus. Zum guten Glück hat er schon vorgesorgt und seine Prusikschlinge vorher ins Seil geknüpft. So ist er verhältnismäßig schnell bei mir. Er beginnt nun mit der nächsten Seil-

länge. Der Fels will sich überhaupt nicht zurücklegen. Es ist immer noch der VI. Schwierigkeitsgrad, den Theo geradezu meisterhaft bewältigt.
Am Ende dieser Seillänge und auch dieses Tages machen wir auf einer großen, geneigten Platte unser Biwak. Das zweimalige Aufziehen von Schlafsäcken und Essen erfordert trotz der kleinen Umlenkrolle, die wir hierzu verwenden, höchste körperliche Anstrengung von uns. Diese Nacht verbringen wir sehr schlecht, und so gehe ich schon um 6 Uhr früh die nächste Seillänge, eine Verschneidung, an. Wir beeilen uns sehr, denn das Wetter ist bedrohlich schlecht geworden. Die Kletterei wird nun etwas gemäßigter. Nach zwei Stunden befinden wir uns bei starkem Schneetreiben am Ende der gewaltigen Schwierigkeiten, von welchen man vorher nicht wissen konnte, ob sie überhaupt oder nur unter übermäßigem Einsatz von Bohrhaken zu meistern sind. In Anbetracht der Wetterlage – es schneit wie im tiefsten Winter, auf den Bändern häuft sich der Neuschnee – verzichten wir für heute darauf, an der Pfeilerkante weiterzusteigen, zumal sich hier die einzige Stelle zum Ausqueren bietet. Bis auf die Haut durchnässt erreichen wir durch eine Steilrinne links der Kante sehr schnell, aber abgekämpft das leichte Gelände. Als wir endlich den Gipfel betreten, wissen wir, dass unser Pfeiler gefallen ist, denn der restliche Teil kann keine unüberwindlichen Hindernisse mehr bieten. Trotz unserer Abspannung und Müdigkeit reichen wir uns glückstrahlend und voller Freude über unseren Erfolg die Hände – und es läuten Glocken in unseren Herzen.
Genau zwei Wochen später seilen wir uns wieder unseren Notausstieg hinunter, bis an die Stelle, an welcher wir ausgequert sind, um die Kante vollständig zu begehen.

Werner Lindauer (*26.8.1939), Zimmerermeister und Bauleiter, gehörte in den frühen sechziger Jahren zu den führenden deutschen Alpinisten.

Jetzt gehts lo-hos! Stand am Beginn des Wasserfalls.

Der Eisfall am Oberanger

Walter Kraus

Wir hatten uns ewig nicht mehr gesehen, als ich Rolf Gemza zufällig am Garmischer Bahnhof treffe. Wir waren zusammen beim Hochzug in Mittenwald gewesen und bei einem Kaffee im Königshof schwelgen wir schnell in den guten alten Zeiten. »Bist du immer noch so fit wie damals, Walter? Weißt du noch, die Skitour ins Viererkar? Mann, haben wir die Jungs damals aufgemischt!« Aber Rolf hat auch Neuigkeiten parat: »Hast du dir den Eisfall hinten im Reintal schon angeschaut, am Hohen Kamm? Der geht. Hast du nicht Lust mitzumachen?« Klar, ich war dabei, und weil die Verhältnisse nicht mehr besser werden würden, verabreden wir uns gleich für den kommenden Sonntag.

Pünktlich treffen wir uns in aller Herrgottsfrühe am Eibsee, der Tag sollte noch kurz genug sein. Wir haben erstes Glück: Schon mit der Personalbahn können wir hochfahren und kurz nach acht stehen wir bereits auf der Zugspitze. Schnell sind die Ski angeschnallt und ab geht's. Zuerst hinüber in Richtung Schneefernerkopf, dann stauben wir entlang des Sommerwegs hinunter ins Reintal, wo sich unser Ziel auftut.

Gefrorene Wasserfälle sind immer anders. Wo sich in einem Jahr ein solider Zapfen bildet, tröpfelt im nächsten Jahr vielleicht nur ein müdes Rinnsal. Am Oberanger reicht das Eis im Januar 1986 nicht bis zum Wandfuß. Stattdessen kämpfen wir uns die ersten Seillängen über verschneite Platten und ansprechendes Kombigelände bis zum ersten Eisfall hoch. 40 Meter und 80 bis 85 Grad steil – jetzt geht's los!

Rolf übernimmt die Führung. Das Wassereis ist steil und hart, und teilweise ist die Eisauflage verdammt mager, etliche Eisschrauben muss Rolf abbinden, um sich einigermaßen sicher zu fühlen. Nur langsam ackern wir uns hoch. Seillänge um Seillänge, aber auch Stunde um Stunde. Schon ist es später Nachmittag und viel zu bald beginnt es auch schon zu däm-

mern. Damit hatten wir nun wirklich nicht gerechnet. Zwar hatte ich meinen Eltern gesagt, dass es etwas später werden könnte, aber um diese Zeit wollten wir eigentlich bei einer Tasse heißen Tee auf der Zugspitze sitzen. Doch zum zweiten mal haben wir Glück. Gerade noch rechtzeitig finden wir ein kleines Schneefeld, das es uns ermöglicht, im Licht der Stirnlampe ein Schneeloch zu pickeln. Nicht berühmt, aber besser als gar nichts. Die Nacht wird so kalt, wie eine Nacht auf gut 2000 Meter im Januar und ohne Schlafsack eben ist. Grauslich kalt sogar, und ungemütlich wie ein zugiger Rohbau. Beim ersten Licht nimmt Rolf den nächsten Eisfall unter die Zacken. Wieder geht es gleich fast senkrecht hoch, nur langsam kriecht das steife Seil durch meine Handschuhe.
Plötzlich das Knattern eines Hubschraubers, der das Reintal herauffliegt. Meine Eltern sind wohl derart in Sorge, dass sie Toni Grüner von der Bergwachtbereitschaft gebeten haben, nach uns zu schauen. Nach einigen Runden auf dem Oberanger hat die Besatzung uns geortet.
»Nein, wir brauchen keine Hilfe.« – Wir signalisieren, dass alles in Ordnung ist, und steigen weiter. Fast den ganzen Tag noch, denn ein Eisfall folgt dem anderen und das Gelände bleibt steil. Volle Konzentration bis zum Schluss. Es ist fast schon 15 Uhr, als Rolf das letzte Mal Stand brüllt. Mit trotziger Freude donnere ich meine Hauen in das glasige Eis und steige los, hochmotiviert bringe ich die letzte Seillänge rasch unter mich.
Drüben, auf der anderen Talseite streift die Sonne den Blassenkamm und den Jubiläumsgrat. Ganz schön fertig sind wir – und erst einmal nur erleichtert. Ein Glücksgefühl kommt erst langsam auf, als wir am Gatterl sind. Erst am Einstieg weicht die Erleichterung der reinen Freude. Es dämmert bereits wieder, und während wir auf Ski das Reintal hinausfahren, schluckt uns erneut die Dunkelheit. Doch das kann uns nichts mehr anhaben: Durch die Partnachklamm finden wir immer, und die Erstbegehung des Reintalfalls haben wir in der Deckeltasche.

WALTER KRAUS (*1.9.1962), Zimmermann, Bergsteiger, Musiker und Hüttenpächter aus dem Zugspitzdorf Grainau

Rolf Gemza beim Zackentanz in einem der Steilaufschwünge.

Im Winter durch die Hochwanner-Nordwand

Peter Pruckner

Nach Kühlung suchend fahre ich mir mit einem verschneiten Latschenzweig übers Gesicht und Leo stellt verwundert fest, dass seine Stirnlampe mit zunehmender Höhe schwächer wird und auch, dass es Latschen gibt, die »wackeln«, wenn wir uns an ihnen durch die Dunkelheit ziehen.

Zu siebt klettern wir im gespenstischen Schwarz der Nacht wild neben- und hintereinander her durch den steilen Vorbau zum Beginn der verschneiten Felsen, welche sich gewaltig über unseren Köpfen aufbauen. Mit Beginn des Tageslichtes haben wir den 300 Meter hohen Latschenstress hinter uns gebracht. Weiter geht es über steile Firnfelder und verschneite Felsstufen.

Als dann ziemlich weit oben, bald Waldmitte, Hansi meint, ob wir hier einen »Hoagart« (gemütliches Beisammensein) abhalten wollen, wird die Sache ernst und ich übernehme schnell die Aufgabe, Leo zu sichern. Souverän quert Hansi nach links in den Grund einer Schlucht.

Martin klettert aus seiner direkteren und steileren Variante zurück, um sich Hansi anzuschließen. Aus dem Schluchtgrund heraus führt uns ein kurzer Felspfeiler, den Andi nach kurzer Zeit von oben als gelöst betrachtet. Erleichtert ruft mir Leo zu, dass der Weg zum Gipfel laut Martl nach diesem Pfeiler über eine »gemähte Wiese« frei ist. Doch die Freude hält nur kurz an – bald steilt die Wand sich wieder auf.

Nach einer Abseilstelle, die über ein Köpfl gelegt ist und Leo einen gellenden Angstschrei entlockt, erreichen wir einen üblen Quergang, der uns in die Ausstiegsschlucht führt. Gierig wie die Tiere nach Futter wühlen wir uns dem Ende der Schlucht entgegen. Leider wird sie immer steiler und endet zu guter Letzt an einer Felsbarriere.

Enttäuscht diskutiere ich mit Martl über die Möglichkeiten, wie wir dieses nervige Problem am besten bewältigen könnten. Da bringt uns Josi die

Nachricht, Norbert stecke links von uns laut mit den Eisen scharrend und an Griffen nach außen hängend in einem vereisten Kamin, der über uns enden soll. Und wirklich schlängelt sich bald die blaue Schlange des Seils zu uns herunter.

Der Weg zum Gipfel ist endgültig frei, und Norbert verdiente sich damit die »goldene Ausstiegsnadel«. Nochmals ein kurzer heikler Eiertanz auf verschneiten Platten, satte 1400 Meter über dem Reintal, und wir stehen oben, dort wo es nicht mehr höher geht.

Der Abstieg dauert fast so lange wie der Aufstieg und ging uns ganz schön in die Knochen, besonders unserem Leo, der enttäuscht feststellte, dass es doch kein Biwak gibt, wo er doch so gerne eine Biwakzigarette geraucht hätte.

PETER PRUCKNER (*3.3.58), Kenner vieler schwieriger Wetterstein- und Westalpenrouten, einige schwierige Erstbegehungen in den kolumbianischen Anden

Höhlenkopf-Nordwand – die vergessene Wand im Reintal

Peter Swoboda

März 2002. Es ist still, nur das Blut rauscht in meinen Ohren. Ich bin total ruhig. Ich will wieder zu mir kommen, will wieder Ich sein. Die letzten zwei Jahre haben mich kaputt gemacht, die Ehe gescheitert, auch die folgende Beziehung ...

Mein Tourenbuch liegt geöffnet vor mir: 1. September 1988 Hochwanner-Höhlenkopf-Nordwand »Schober«. Zweite Begehung nach 49 Jahren mit Franz Perchtold. 1000 Meter. Durchgehend IV–V, Klettern V–VI, keine Haken vorhanden, teils schlecht abzusichern.

Wie war das vor 14 Jahren? Ich versuche mich zu erinnern. Ein Jahr Australien lag hinter mir, eine Zeit ohne Sorgen und Probleme. Das Leuchten in meinen Augen führte mich durch mein Leben. Ich hatte einen guten Job bei den Amis und führte GIs übers Reintal auf die Zugspitze. Bei Charly am Anger war jedes Mal Übernachtung. Kurz vor der Hütte steigt über der Blauen Gumpe eine senkrechte, abweisende Wand in den Himmel, die Höhlenkopf-Nordwand. Benannt nach der markanten Höhle im unteren Wanddrittel links der klassischen Nordwand-Führe, wurde die Tour 1939 durch Michl Schober und T. Meier erstbegangen.

Steil ist der Weg zur Partnachalm. Franz und ich schoben unsere Räder. Wie oft schon ging unser Weg hier vorbei. An der Bockhütte folgten wir dem Tal, dann stand die Wand vor uns. Der Führer wurde studiert und bald waren wir auf der Hütte. Der Abend wurde noch recht lustig. Nach der Sperrstunde saßen wir bei Charly und seinen hübschen Helferinnen in der Küche. Leider kann ich mich nicht mehr an sie erinnern, nur noch an Charlys Wecker, der uns früh morgens aus dem Schlaf riss.

Die Reintalangerhütte war für mich damals und ist auch heute noch ein magischer Ort. Ein Platz zum Wohlfühlen, Entspannen und Kraft tanken. Charly Wehrle hat sie durch sein Geschick zu dem gemacht, was sie jetzt

ist: Ein großer Ort der Begegnung. Ich werde auch dieses Jahr wieder hinaufwandern, um ein paar Tage zu bleiben.
Doch zurück zu unserer Tour: Bereits am Wandfuß wurden wir gezwungen zu sichern. Eine steile, rinnenartige Schlucht führte hinauf zur großen Höhle. Im folgenden leichten Gelände erreichten wir den Kessel der Steilwand, von dem aus sich die Wand senkrecht aufschwingt. Selten zuvor war ich im heimischen Wetterstein in solch einer ausgesetzten Wand geklettert. Auch kann ich mich erinnern, dass Franz beinahe mit einem riesigen Felskopf aus der Wand geflogen wäre und ich wahrscheinlich hinterher. Nach neun Stunden anspruchsvoller Kletterei erreichten wir den Gipfel. Wir fanden keinen einzigen Haken und sicherten 12 Seillängen. Der Rest gingen wir seilfrei in dieser äußerst abgeschiedenen Wand.
Nach dem langen Abstieg übers Gatterl empfing uns Charly schon mit einem Schnaps auf der Hüttenterrasse und gratulierte uns zur zweiten Begehung nach 49 Jahren.
Ich lege den Stift ab, betrachte noch einmal das alte Tourenbuch, die geschriebene Seite und schwelge in der Erinnerung. So viel hat sich seit diesen Tagen verändert, doch das Reintal ist immer noch dasselbe. Ich freue mich, es wiederzusehen.

PETER SWOBODA (*31.8.1962), Brauerlehre und heute Masseur, in den achtziger Jahren zahlreiche Erstbegehungen im Oberreintal

Unterwegs in der direkten Hochwanner-Nordwand, im Hintergrund die Zugspitze.

Klettern im Reintal

Wolfgang Opitz

Klettergeschichte wurde hier nie geschrieben. Die düsteren Nordabstürze zwischen Hundstall und Kleinwanner und die erst hoch oben ansetzenden Südwände des Blassenkammes lockten noch nie Scharen von Kletterern an. Zu lang sind die Anmarschwege, zu zerrissen die Wände, zu kompliziert die Abstiegswege, zu brüchig ist häufig der Fels. Natürlich waren um die Jahrhundertwende bis zum Ersten Weltkrieg die großen ganz Alten hier: Dengg, Schwaiger, Leberle, Schmid, Miainzer, Distel, Schulze, Heis. Zwischen den Kriegen tauchen dann nur einige Namen mehrmals auf: Schneider, Welzenbach und die Seilschaft Leiner/Sattler. Das Oberreintal war entdeckt und kam groß in Mode. Was sich dann in den Nachkriegsjahren in den Wänden links und rechts des Reintals noch tat, lässt sich fast an den Fingern einer Hand abzählen. Die Reintaltouren wurden vergessen, die meisten sind seit Jahrzehnten nicht mehr begangen. Nur einige wenige werden öfter wiederholt: Neben den begrenzenden Graten des Reintals sind es die »Rittler« am Gaif, die Alte-Hochwanner-Nordwand, der das Attribut der zweithöchsten Ostalpenwand gewisse Beliebtheit sichert, und vielleicht noch der wilde Blassenspitze-Südpfeiler von Lindauer/ Reindl für die ganz Extremen. Alles Übrige wurde zum Terrain für Individualisten, Alpinhistoriker, Naturschwärmer und Einsamkeitsträumer. Nichts gegen das Oberreintal mit seinen gebohrten, leicht erreichbaren Genussrouten! Aber manchmal reizt dann doch das ganz große alpine Wetterstein-Abenteuer: Entdeckungslust, völlige Abgeschiedenheit, Einstiegswege, die eine Tour für sich sind, große Routen, die den Allround-Bergsteiger fordern und einen langen Sommertag ausfüllen.
So entdecke ich die Direkte-Hochwanner-Nordwand von Bauer/Gruber aus dem Jahr 1923, die auch heute noch mit V+ bewertet wird. Mein Gefährte Franz Höfle und ich wollen es bequem und romantisch zugleich

haben; also planen wir ein Biwak am klassischen steinumwallten Platz auf der großen Terrasse, wo die alte Nordwandroute abzweigt. Es ist nicht zu leugnen, dass dieses erste Drittel der Wand nur Botaniker, Latschenkraucher und Schrofentrottel begeistern kann. Wir spannen einen Biwaksack über die Steinmauern, ein Bach spendet gleich nebenan Wasser, trockene Latschenäste dienen zum Feuermachen. Wir haben, was wir brauchen und träumen einem großen Klettertag entgegen.

Ernst wird es erst am Heiskopf in halber Wandhöhe. Die schwarze Riesenverschneidung, die die senkrechten Platten des mittleren Wandteils durchzieht, muss erreicht werden. Nur ganz selten freuen wir uns über einen Haken, die meisten Sicherungen müssen selbst gelegt werden. Der Fels ist oft schwarz und vermoost, aber trocken und fest. Die Verschneidung selbst ist Genusskletterei in der Senkrechten. Dann legt sich die Wand zurück, geht in zunächst feste, dann immer brüchigere Platten über. Tausend Meter tiefer liegt das Reintal im Dunst des Hochsommertages. Nur die Blaue Gumpe leuchtet wie eine Perle aus Türkis herauf. Um die Mittagszeit sind wir oben. Das Hochgefühl ist intensiver und vielfältiger als nach viel begangenen Mode- und Toporouten: Die Biwaknacht, die Routensuche, die großartige Landschaft, die völlige Einsamkeit und die ganz selten wiederholte 1400-Meter-Route verbinden sich zum ganz großen Abenteuer. Man findet es nicht nur in fremden Ländern und Tausende von Kilometern entfernt. Es wartet auch im Wetterstein und Karwendel, wenn man die Phantasie hat, ausgetretene Wege zu verlassen und den Mut, gegen den Strom zu schwimmen.

Über der Angerhütte ragt als markantes Horn der Kleine Kirchturm auf, ein Motiv, das auch eine häufig verkaufte Hüttenpostkarte zeigt. Bestiegen wird dieser Gipfel aber so gut wie nie. Die alpinen Informationen von Ortskundigen sind dürftig: In den zwanziger Jahren sei man dort geklettert, der Fischer Franz sei einmal kurz unter dem Grat schwer gestürzt. Aber im Wettersteinführer lese ich, dass es in der Südostwand eine Welzenbach-Route gibt. An einem Spätsommertag suchen mein Gefährte Rudi Bichler und ich die oft kaum kenntlichen Wegspuren ins Vollkar,

eine riesige, nach Süden geöffnete Wanne, sonnendurchglüht, mit steilen Grasflächen, hellgrauen Felsplatten und ausgewaschenen Abflussrinnen. Der einzig mögliche Einstieg ist im oberen Drittel des großen Plattenschusses am Wandfuß. Die Kletterei ist landschaftlich großartig, doch der Fels erinnert in seiner Brüchigkeit ans Karwendel. Aber zum Abenteuer gehört auch, dass Erwartungen manchmal nicht ganz erfüllt werden. Doch dafür habe ich eine gute Seillänge weiter links, in Falllinie der riesigen Schichthöhle, ein Verschneidungssystem mit grauem, kompaktem Fels entdeckt, das gerade hinauf zum Südgrat führt, die Möglichkeit einer naturgegebenen Erstbegehung.
Im nächsten Jahr klettere ich Ende Juli, am heißesten Tag des Jahres, mit meinem Sohn Markus diese 400 Meter hohe Südostverschneidung. Nach dem Welzenbach-Einstieg queren wir nach links in das Verschneidungssystem und verfolgen es gerade hinauf bis zur großen Schichthöhle. Der Fels ist fast immer fest, die Route ist mit geschlagenen Haken und Klemmkeilen gut abzusichern und verträgt den Vergleich mit bekannten Oberreintal-Touren. Vom rechten Ende der Schichthöhle wird über schöne Platten der Südgrat erreicht. Nur die beiden letzten Seillängen weisen großbrüchigen Fels auf. Von rechts kommt die alte Ostwandroute herauf: Hier irgendwo muss Franz Fischer seinen legendären Sturz getan und trotz schwerer Verletzungen seinen Klienten noch bis zum Grat geführt haben. Vom Ausstieg sind es noch 100 Höhenmeter auf dem leichten Südgrat zum Gipfel. Unser begeistertes »Hei, mi leckst am Arsch« verliert sich in der Weite, die Angerhütte liegt immerhin 1000 Meter tiefer. Außer einem winzigen Steinmann sind auf dem Gipfel keine menschlichen Spuren zu finden. Wieder einmal denken wir über das Schlagwort »überlaufene Alpen« nach. Es könnte Monate, vielleicht Jahre dauern, bis der Gipfel wieder betreten wird. Der Abstieg durchs weite Kirchlkar ist ein entspanntes Wandern über Felsplatten und Gras zum Oberen Anger hinunter. Nur die gnadenlose Sonne macht uns zu schaffen, in den Latschen brütet die Hitze wie in einem Backofen, der Durst wird quälend, umso mehr, als ständig das Rauschen des Partnachursprungs heraufdringt. Endlich ist die Brücke

kurz vor der Hütte erreicht. Das erste Wasser! Markus hüpft gleich samt Kleidung und Kletterzeug in die kühle Partnach, ich reiße mir zuerst alles vom Leib und springe splitternackt hinterher. Die Stimme einer empörten Wanderdame »Ist ja unerhört!« setzt unserem Hochgefühl das Sahnehäubchen auf. Tropfnass und glücklich ziehen wir auf der Hütte ein. Wir sitzen auf der Terrasse, trinken Kaffee, essen Kuchen und spülen immer wieder mit einer Radler nach. Es war eine Erstbegehung ohne Vorbereiten und Erkundungen, Bohrwerkzeug und Bohrhaken nach dem Motto des alten Cäsar: Wir kamen, sahen und siegten. Mit einem Klemmkeilsortiment, einigen Karabinersätzen und einem knappen Dutzend Haken für die Standplätze. Es hat Spaß gemacht, eine neue Route mit Schwierigkeiten bis V+ in diesem Stil zu eröffnen, und das Erstbegehungsfest am Abend ist auch nicht übel. In zwei Monaten würde Hüttenwirt Charly 40 Jahre alt werden. Ihm zu Ehren taufen wir die Route »Via Charly 40«.

Drei Jahre später setzen wir noch eins drauf. Eine gute Seillänge links der »Via Charly« zieht ein paralleles Verschneidungssystem hinauf und mündet bei einem markanten Überhang auf den Südgrat. Den gleichen Einstieg benutzend queren wir noch weiter nach links, erreichen die Verschneidung und genießen eine ähnlich schöne Kletterei. Eine kompakte schwarze Plattenrampe führt zum Ausstieg. Doch heute können wir uns nicht lange über Landschaft, Aussicht und Einsamkeit freuen: Hinter der Plattumrahmung ballt sich dunkel drohend ein Gewitter zusammen. Wir eilen den kurzen Nordgrat hinunter ins Kirchlkar. Diesmal queren wir unter dem Riesenüberhang, mit dem der Südgrat abbricht, wieder hinüber ins Vollkar. Noch ehe wir es erreichen, bricht ein Jahrhundertgewitter los. Wir ducken uns zwischen den Latschen in eine Felsnische. Ungeheure Blitze zerreißen die Atmosphäre, die Donnerschläge hallen an den Wänden wider, Wassergüsse stürzen vom Himmel. In kurzer Zeit ist die Vollkarrinne mit ihrem riesigen Einzugsgebiet ein reißender Fluss mit haushohen Wasserfällen. Tischgroße Felsblöcke krachen durch die Wassermassen, Feuerkugeln auf den Graten schicken blaue Blitze nach oben. Alles ist in gelbfahles Licht getaucht. Der Talboden der Angerhütte ist eine einzige Wasserfläche geworden. Das grandios-apokalyptische Naturschauspiel lässt Angst kaum aufkommen, wir verlieren jedes Zeitgefühl. Irgendwann zieht das Gewitter ab, aber der Regen strömt weiter. Im Halbdunkel setzen wir den Abstieg fort, über glitschige Platten, durch nässe- triefende Latschen, wasserführende Rinnen, Schlamm und sandiges Geröll. Verdreckt und durchnässt erreichen wir die Hütte, von der Belegschaft voller Sorge erwartet. Während wir uns äußerlich am Kachelofen, innerlich mit Tee und Glühwein aufwärmen, fällt uns ein Name für die Linke Südostverschneidung am Kleinen Kirchturm ein: »Potz Blitz« taufen wir sie.

Wolfgang Opitz (28.12.1939), Lehrer, Musiker mit Spezialgebiet Carl Orff, Kenner sehr vieler, auch wenig begangener Wettersteintouren, seit 1986 zum Reintalangerkreis gehörend

Noch ist das Freibier in weiter Ferne. Uli Wiesmaier und Stefan Glowacz vor dem ersten Versuch.

Fass mit Pfeiler – Die Geschichte von einem Fass Freibier

Stefan Glowacz

Nur noch Uli, Werner und ich saßen aufrecht am Tisch, auf dem unzählige Flaschen wie Leuchttürme aus großen, übelriechenden Bierlachen ragten und vollgesaugte Brotklumpen wie Felsen in der Brandung standen. Es war früh am Morgen und das legendäre Garmischer Überlebensfest auf der Stuibenhütte befand sich in den letzten Zügen. Es war mal wieder kompromiss- und gnadenlos, man kann sagen: es war erfolgreich. So wie die Feste der Jahre zuvor. Das Überlebensfest ist eine traditionelle Kultveranstaltung für die Überlebenden der Klettersaison und ein Fest, bei dem der Nichtüberlebenden in würdigem Rahmen gedacht werden kann.

Der Raum war erfüllt mit heißer, stickiger Luft. Es roch nach Bier und Schweiß. Auf den Bänken, unter den Tischen, überall lagen Kletterer genau an der Stelle, an der sie der Rausch zu Boden geschickt hatte. Manche hielten schnarchend ihr Weißbierglas noch fest umklammert, obwohl sich der Inhalt schon längst über sie ergossen hatte. Auch Jim, unser damaliger Jungmannschaftsleiter, war zumindest körperlich am Stammtisch noch anwesend. Sein Kopf ruhte auf seinen mächtigen Unterarmen, die wie eine Hafenmauer in einem Ozean von Bier lagen. Ruhig schnarchte er vor sich hin und bei jedem Ausatmen bildeten sich kleine Wellen um ihn herum.

Werner erzählte begeistert die Geschichte von der Erstbegehung des Blassen-Südpfeilers, während Uli und ich uns nach Kräften bemühten, seinen Ausführungen zu folgen. Es schien damals ein abenteuerliches Unternehmen gewesen zu sein, diesen mächtigen, weit überhängenden Pfeiler zu durchsteigen. Im Winter des Jahres 1962 stieg Werner Lindauer zusammen mit Theo Reindl in den Pfeiler ein, der auf der Südseite des Reintals zum Blassen hinaufzieht. Die Gegend ist auch heute noch einsam, nur wenige Wanderer gehen im Sommer den Schützensteig vom Stuiben zur Reintalangerhütte und Kletterer bevorzugen das Oberreintal – genau auf der gegenüberliegenden Talseite. Natürlich kletterten Werner und Theo überwiegend technisch und benutzten die wildesten Holzkeil- und Hakenkonstruktionen, die meisten selbst gebastelt. Die Wand ist so steil, dass nach der zweiten Seillänge nur noch mit großen Mühen abgeseilt werden kann.

»Burschen, da solltet ihr mal antreten, die Tour müsst ihr frei probieren«, rief Werner begeistert und schlug mit der flachen Hand in den Biersee, dass die Gischt nur so spritzte. Ich hatte größte Mühen, den Erzählungen noch halbwegs zu folgen, die Bierflaschen tanzten vor meinen Augen und mir wurde schlecht. Doch Werner war nicht mehr zu bremsen: »Also wenn ihr die Tour rotpunkt packt, das wäre mir ein Fass Bier wert.« Der einzige, der darauf noch reagierte, war Jim. Langsam hob er seinen Kopf, verdrehte die Augen, grinste breit und stammelte noch ein »saustark Werner«, bevor sein Kopf auf die Tischplatte zurückdonnerte. Ich ging nach draußen und übergab mich.

Am nächsten Tag hatte Werner mit seinem Werben mehr Glück. Immerhin: ein Fass Bier bedeutete wieder ein Fest, und das lediglich für die freie Begehung einer Technoroute. Überheblich, wie man in diesem Alter eben ist, sollte das Fass bereits wenige Wochen später auf einer Weihnachtsfeier angezapft werden. Und so stapften Werner, Uli und ich kurz vor Weihnachten von der Stuibenhütte hinüber auf die Blassen-Südseite. Es lag nur wenig Schnee und die Sonne hatte den Fels auf angenehme Freiklettertemperaturen erwärmt. Beeindruckend steht dieser mächtige Pfeiler über dem Reintal und wie stark er überhängt, erkannten wir erst am Einstieg. Keine Wolke war am Himmel zu entdecken, strahlendblau leuchtete der Himmel, kein Lufthauch war zu spüren. Es herrschte die Ruhe, die nur der Winter schenkt, der Schnee dämpfte die Geräusche und wir saßen im T-Shirt am Einstieg und blickten hinüber in das kalte, schattige Oberreintal. Es hätte ein wunderschöner Tag werden können, wenn nicht der Weg zum Fass über diesen Pfeiler geführt hätte. Es ist schon immer wieder

erstaunlich, wie sich der verbale Hochleistungsklettersport im Wirtshaus von der steinigen Realität unterscheidet.
»Auf geht's Jungs, jetzt bin ich mal gespannt«, feuerte Werner uns an. Diesen Elan bringt man auch nur auf, wenn man selbst nicht mitmachen muss, dachte ich mir, während ich mich mit Rocks und Friends nur so behängte. Rausgeputzt wie ein Weihnachtsbaum kurz vor der Bescherung torkelte ich die wenigen Schritte zum Einstieg hinüber. Die erste Zwischensicherung war ein vermoderter Holzkeil, die zweite ein Messerhaken, den ich von Hand herausziehen konnte, im dritten Haken saß ich bereits drin. »Nur mal abchecken«, rief ich Werner beruhigend hinunter. Während die Jungs unten im Tal das Fest vorbereiteten und das Fass Bier fest eingeplant hatten, wagte ich mich an meinem Gurkenhaken kaum zu bewegen. Mühsam und unendlich langsam rettete ich mich von Haken zu Haken, stets mit der festen Überzeugung, dass ich alle Sicherungen bei einem Sturz rausreißen und auf dem Boden aufschlagen würde. Werner konnte ich schon lange nicht mehr beruhigen, er hatte bereits am dritten Haken seine hohe Meinung von uns wilden Freikletterern geändert. Endlich erreichte ich den Standplatz und hoffte inständig, dass Werner endlich absteigen würde. Ich hätte sofort abgeseilt, sobald er außer Sichtweite gewesen wäre. Aber er blieb am Einstieg sitzen und beobachtete uns bis zur dritten Seillänge, der »Seillänge ohne Wiederkehr«. Dann packte er seinen Rucksack, wünschte uns noch viel Spaß und verschwand um eine Felsnase. Toll, dachten wir, jetzt müssen wir diese Hakenrasselei auch noch durchziehen. Das Fass war längst vergessen, jeglicher Gedanke ans Freiklettern sowieso. In der fünften Seillänge war es sogar soweit, dass wir jede freie Bewegung mit einem »Vorsicht free move« beim Sichernden ankündigten. Wir bewegten uns durch die Wand, als führten wir einen Elefanten durch einen Porzellanladen.
Es war schon lange dunkel, als wir die Stuibenhütte erreichten. Sieglinde, die Hüttenwirtin, versorgte uns geschlagene Krieger mit Jägertee. Schon der dritte Becher legte einen beruhigenden Schleier über unsere Enttäuschung, der fünfte brachte die Erkenntnis, dass die Tour frei möglich

wäre und der sechste Becher unser übersteigertes Selbstvertrauen wieder zurück: Das Fass musste her!

Doch die Jahre vergingen und die Feste ließen sich auch ohne Südpfeilerfass ganz gut feiern, die Aufgabe rutschte immer weiter die Routenwunschliste hinunter, bis Werner wieder zu sticheln anfing. Alle Ausreden halfen nichts, er packte mich bei meiner Ehre. Es gab nur noch einen Trumpf, den ich in der Tasche hatte, und das waren Bohrhaken. Garantiert würde Werner aufschreien, wenn wir seinen Südpfeiler mit Bohrhaken entweihen würden; daher war ich mir meiner Sache ziemlich sicher, als ich ihm erklärte, dass eine freie Begehung nur durch Absicherung mit Bohrhaken möglich sei. Zu meinem Entsetzen zeigte er dafür vollstes Verständnis und hätte am liebsten die Tour auch noch selbst eingebohrt. Ich hatte endgültig verloren.

Zu allem Überfluss erzählte ich die Geschichte Michael Pause, einem Redakteur der Bergsteigersendung »Bergauf bergab«, und er war hellauf begeistert. »Da sind wir mit dabei«, meinte er und fixierte sofort einen Sende- und Drehtermin. Der Supergau war perfekt, denn Uli war nicht mehr mit von der Partie. Vielleicht war der Pfeiler ja gar nicht frei möglich und wer sollte dieses Schwachsinnsunternehmen nun überhaupt mitmachen? Ich sah mich schon vor laufender Kamera bis auf die Knochen blamiert im dritten Haken sitzen wie beim ersten Versuch. Bevor ich die Nummer des Reisebüros wählte, um einen One-way-Trip nach Südamerika zu buchen, rief ich Leo an, mit dem ich in dieser Zeit sehr viel zum Klettern ging und von dem ich wusste, dass er in manchen Situationen einen Hang zum Fatalismus besitzt. Er lachte sich halb tot, als ich ihm die Ausgangsbasis schilderte, und sagte zu.

Wir waren hoch motiviert, zumindest bis wir Bohrhaken, Bohrmaschine, Cliffhanger, Friends, Rocks und 400 Meter Fixseile auf zwei Rucksäcke verteilt hatten und uns gegenseitig dabei halfen, diese Brocken auf den Rücken zu wuchten. Keuchend und prustend versuchten wir das Gleichgewicht zu halten, unsere untrainierten »Sportklettersonden« klapperten wie Pinocchios Holzbeine bei seinen ersten Gehversuchen. »Das sieht

ganz nach einem Ermüdungsbruch aus, wenn wir mit diesen Monstern zu Fuß auf die Reintalangerhütte gehen«, warnte Leo und wir entschlossen uns fürs Mountainbike. Aber auch das war nicht gerade die beste Idee. Fremde Mächte versuchten immer wieder die Kontrolle über unsere Räder zu übernehmen, besonders bei den wenigen Abfahrten auf dem Weg ins Reintal. Alles brannte lichterloh: die Augen vom Schweiß, die Waden vom Treten, die Schultern vom Rucksack und die Lunge von dem ganzen ungewohnten Sauerstoff. Tief über dem Lenker gebeugt schwor ich mir, das Fass mit Leo allein zu saufen, wenn wir tatsächlich diesen verdammten Blassen-Pfeiler frei hochkommen sollten.
Am nächsten Morgen fühlten sich unsere Körper an, als hätten wir zehn Runden gegen Mike Tyson geboxt. Charly, der Hüttenwirt, bemühte sich redlich, uns den Morgen so angenehm wie möglich zu gestalten und fabrizierte beim Weckruf nur sehr wenige Fehler auf seinem Hackbrett. Zäh wie Kaugummi zog sich der Schützensteig hinauf unter den Blassenkamm und die sonst so einsame Gegend wurde erfüllt von lauten Flüchen, die die Gämsen in heller Panik durch die Rinnen springen ließen. Doch das war nur ein kleiner Vorgeschmack auf das, was danach kommen sollte. Den ganzen Tag knatterte die Bohrmaschine, die Zornausbrüche wurden eher noch lauter und dazu dröhnten Hammerschläge durchs Tal. Am Abend war das Werk vollbracht: An jeder schwierigen Stelle steckte nun ein Bohrhaken, Seile waren bis über die Schlüsselseillänge fixiert und wir hatten die Erkenntnis gewonnen, dass die freie Kletterei ein ganz hartes Stück Arbeit werden würde. Der Plan sah vor, am nächsten Tag einen ersten Versuch zu starten, bevor am darauffolgenden Tag das Filmteam dazustoßen sollte. Doch das Leben im Hochgebirge ist hart: Am nächsten Morgen regnete es in Strömen.
Drei Tage dauerte das schlechte Wetter, wir hatten Zeit, unsere Wunden zu lecken und einen weiten Bogen um Charly und seine Tischtennisplatte zu machen. Er ist der gefürchtetste Tischtennisspieler im ganzen Reintal und Spiele gegen ihn sind mit einem hohen Verletzungsrisiko verbunden. Der Druck auf Leo und mich wurde größer, je besser das Wetter wurde.

Redakteur, Kameramann und Tonmann – alle waren schon sehr gespannt, wie wir das noch hinbekommen wollten. Dunkle Wasserstreifen zogen die Wand hinunter, nur unsere Route hatte vom Regen der Vortage nichts abbekommen. Die Kamera war schnell in Position, alles wartete nur noch auf die Show der Akteure. Die Taktik wurde uns nun von den zeitlichen Umständen diktiert. Zuerst eine Seillänge auschecken, dann sofort frei klettern und weiter zur nächsten. Mit dem Auschecken klappte es in der ersten Länge noch ganz gut, nur mit dem frei durchklettern nicht mehr. Kurz unter dem Stand stürzte ich mit verkrampften Unterarmen. Wir entschlossen uns gleich die nächste anzugehen und die erste später nachzuholen, unter dem Aspekt »bei Verlust verdoppeln«. Gleich mit einem anständigen Negativerlebnis ins Rennen zu gehen, baut nicht gerade auf, und während sich unten auf der Hütte wieder mal die Freunde für das bevorstehende abendliche Fest einfanden, kämpften Leo und ich in den Überhängen um Fass, Fest und Ehre. Die Kletterei machte unter diesen Bedingungen nicht besonders viel Spaß, obwohl sich der Blassen-Pfeiler zu einem richtigen Freikletterjuwel herausputzte. Juwele müssen aber erst einmal poliert werden, bevor sie glänzen, und bis zu diesem Zeitpunkt war die Schlüsselseillänge noch technisch. Als ich sie anging, war meine Nervosität so groß wie beim ersten Rock-Master-Wettbewerb in Arco. Es wurde empfindlich kühl und nach wenigen Metern spürte ich meine Fingerkuppen nicht mehr. Normalerweise macht es unter diesen Voraussetzungen wenig Sinn weiterzuklettern, doch in diesem Fall war es erstaunlicherweise ein Vorteil. Hätte ich gefühlt, wie winzig klein manche Griffe waren, hätte ich wohl erst gar nicht versucht mich daran festzuhalten. So aber krallte und schnappte ich jede Leiste an und hätte am liebsten in die mickrigste Felsunebenheit hineingebissen. Jeder Griff brachte mich der Erlösung ein kleines bisschen näher und kurz unter dem Standplatz wusste ich, das das Fass zum Greifen nahe war. Meine Unterarme waren derart verkrampft, dass ich am Standplatz beide Hände benötigte, um den Schnapper am Karabiner zu öffnen. Ich plumpste in meine Selbstsicherung und hing eine Zeitlang einfach nur regungslos am Stand.

Die Hauptschwierigkeiten lagen hinter uns, das Problem war fast gelöst, bis auf die erste Seillänge – die war nun entscheidend. Teilweise am laufenden Seil kletternd, hasteten wir den oberen Wandteil hinauf. Es war schon später Nachmittag, als wir wieder am Einstieg standen.
Ich war zwar schon ganz schön angezählt, aber ich hatte den »Tiger in den Augen«, als ich noch einmal in den Ring stieg. Jede Bewegung zählte ich mit, überkletterte die Stelle, an der ich am Morgen noch gescheitert war und hatte nur noch Angst, dass ein Griff ausbrechen könnte. Noch drei Züge, noch zwei, einer ... ozapft is!
Mit dieser tiefen Befriedigung, wie ich sie nur nach großer mentaler und körperlicher Anstrengung empfinde, liefen wir im letzten Sonnenlicht zur Reintalangerhütte hinunter. Aus einer Bierlaunenidee war für mich ein unvergessliches Erlebnis geworden, das mir ganz besonders in Erinnerung bleiben sollte. Das lag auch daran, dass sich alle mit mir freuten: Leo, Werner, das Kamerateam und die Kumpels, die schon gespannt auf der Hütte mit Zapfhahn und Hammer in der Hand auf die Erfolgsnachricht warteten. An dieser Stelle möchte ich den Vorhang über die nachfolgenden Ereignisse schließen, nur so viel sei verraten: Es wurde ein kompromiss- und gnadenloses Fest. Man kann sagen: es war erfolgreich.

Stefan Glowacz (*22.3.1967), Werkzeugmacher, Profibergsteiger und erfolgreichster Wettkampfkletterer in Deutschland, erste Klettertouren Anfang der achtziger Jahre im Oberreintal, danach zahlreiche Erstbegehungen und ungewöhnliche Expeditionen in aller Welt, dreimaliger Rockmaster und 1993 Vizeweltmeister in Innsbruck, Buchautor, Vorträge und Filmdarsteller

Die Ursachen des Bergsturzes am Reintalanger

Dr. Kurt Leuchs

Der obere Reintalanger, der Talschluß der Partnach, war am 6. Mai 1920 Schauplatz eines Bergsturzes. Es war kein durch besondere Größe oder durch verheerende Wirkung auffallender, aber verschiedene dabei hervortretende Umstände lassen es mir angezeigt erscheinen, diesen Bergsturz kurz zu beschreiben.

Herr stud. jur. Heinrich Moser in München war Augenzeuge und gab mir folgenden Bericht, wofür ich ihm bestens danke.

»Gegen 5 Uhr nachmittags sah ich, in der Nähe der Angerhütte stehend, wie sich an einem Felspfeiler östlich des Gatterlbaches eine Felsplatte ablöste und langsam, ohne daß zunächst Geräusche hörbar waren, gegen den Anger zu neigte. Alsbald zerbrach die Platte, indem sich zuerst ihr oberer klotziger Teil abtrennte; die ganze Masse stürzte, in sich zusammenbrechend, hinab an den Fuß der Felswände, deren untere, weniger steile Partien glattfegend. Einzelne Blöcke wurden, auf Wandvorsprünge aufschlagend und dort abprallend, weit hinausgeschleudert nach den Seiten und nach vorwärts bis auf die Nordhänge des Angers. Die Hauptmasse stürzte in die Rinne des Gatterlbaches, schob und wälzte sich von dort, vermengt mit dem Neuschnee, weiter als Schuttmure und gelangte so bis zum oberen Anger, wo sie sich breiartig ausdehnte.

Der Absturz erfolgte mit gewaltigem Krachen und Donnern; starker Geruch nach Schwefel und Bitumen entstand, und die Luft war erfüllt mit dunklem Staub. Kleinere Nachbrüche und Schuttrutschungen erfolgten noch abends, nachts und in den nächsten Tagen. Der reichlich mitgerissene Schnee ließ zunächst nur wenige größere Blöcke in dem Schuttstrom deutlich erkennen, die meisten waren durch den Schnee verdeckt. Die Dauer des Bergsturzes dürfte höchstens meistens 2 Minuten betragen haben.«

Deutlich geht aus dem Bericht hervor, daß der ganze Vorgang in drei Teile zerfällt: Die Abspaltung der Felsplatte und ihr langsames Umlegen, der Zusammenbruch und Absturz über die sehr steilen Felswände auf die weniger stark geneigten unteren Gehängepartien, die Rutschung der mit Schnee und lockeren Teilen der Schutthalde vermengten Masse von dort herab zum flachen Boden des Angers, wo sie sich mit der starken Gefällsminderung breit ausdehnte.
Die Abrißstelle, kenntlich durch ihre gelb- und rotbraune Farbe, ist gut sichtbar als eine senkrecht, glatte Fläche in der Nordwand des letzten Turmes des vom kleinen Wanner zum Gatterlbach ziehenden Grates. Die Stelle liegt etwa zwischen 1900 und 2000 m Seehöhe, ist ungefähr 100 m hoch und 50 m breit. Nach meiner Schätzung der Masse des Bergsturzes auf 50.000 cbm ergäbe sich somit die Dicke der abgestürzten Felsplatte mit 10 m. Denn der weitaus überwiegende Teil des jetzt auf dem Anger liegenden Bergsturzes stammt von dieser Felsplatte, lose Gesteinstrümmer konnten sich in den sehr steilen Wänden nicht halten, und was der Schuttstrom in den unteren Gehängepartien mit fortriß, ist auch nur sehr wenig, da der Schnee dieses Gelände einigermaßen schützte.
Als ich im Juli 1920 bei einer meiner Exkursionen den Bergsturz besichtigte, erklärte sich einer der Teilnehmer, Herr stud. geol. Max Storz in München, in liebenswürdiger Weise bereit, photogrammetrische Aufnahmen des Bergsturzes zu machen und daraus die entsprechenden Zahlenwerte zu berechnen. Die Ergebnisse dieser Berechnungen hat Herr Storz ebenso wie seiner Bilder und die von ihm hergestellte Karte mit Einzeichnung des Ablagerungsgebietes mir zur Verfügung gestellt, wofür ich ihm auch an dieser Stelle herzlich danke.
Die Schätzung der Bergsturzmasse, wie sie oben angegeben ist, stimmt danach mit der Berechnung überein. Die von der Masse bedeckte Fläche, das Ablagerungsgebiet, mißt 20.000 qm, ihr Gewicht beträgt 125.000 t. Der Schuttstrom, der ja zuerst in der vom Gatterlbach geschaffenen Furche sich abwärts wälzte, verläßt diese in 1500 m Seehöhe und zieht dann, ständig an Breite zunehmend, in Nordost-Richtung hinab zum oberen

Anger. Dort erreicht er eine größte Breite von 110 m, in der gleichen Breite hat er den Weg Angerhütte – Knorrhütte verschüttet. Das letzte Stück des Schuttstromes verschmälert sich bis zu 70 m. Am Südufer des Westost verlaufenden, in den Wiesenboden etwas eingetieften kiesigen Bachbettes endigt der Schutt, jenseits des Bachbettes liegen nur die vereinzelten hinausgeschleuderten kleineren Blöcke; im Bachbett, das im Juli 1920 trocken war, wohl auch sonst meist wasserlos ist, sahen wir keine Bergsturztrümmer. Herr Storz ist der Ansicht, und ich pflichte ihr durchaus bei, daß die zwar nur geringe Aufwulstung des Uferrandes den schon vorher in seiner Geschwindigkeit stark verringerten Schuttstrom gänzlich zum Stillstand gebracht hat.
Die Länge des Schuttstromes beträgt 350 m, die größte Dicke des Schuttes ist 5 m, im allgemeinen aber liegt er nur 1–2 m hoch. Zusammengesetzt ist der Schuttstrom aus wirr gehäuften Gesteinstrümmern von eckigen kantigen Formen, die größten erreichen 10–15 cbm. Der Schutt besteht fast nur aus grauem, ziemlich dunklem unterem Wettersteinkalk. Was daneben noch spärlich vorkommt an anderen Gesteinsarten (schwarzgrauer Muschelkalk, roter Hornsteinkalk, grauer Mergelkalk) sind aus der Furche des Gatterlbaches mitgerissene Trümmer, die dorthin von der Südseite des Felsgrates durch das fließende Wasser geschwemmt waren.
Der Felsgrat besteht zum weitaus überwiegenden Teil aus Wettersteinkalk. Soweit Schichtung zu erkennen ist, zeigt sie bei Westoststreichen senkrechte Stellung. Daraus ergibt sich, zusammen mit der auch sonst starken Klüftung des Kalksteins und mit Verwerfungen, welche ihn in verschiedenen Richtungen durchschneiden, eine für die Entstehung von Abbrüchen günstige Vorbedingung. Je weiter wir den Grat nach Westen verfolgen, desto stärker ist das Gestein zertrümmert und erreicht den höchsten Grad am Gatterl selbst. Zugleich wird der Felsgrat bis zum Gatterlbach immer schmäler und niedriger, so daß dadurch auch der innere Zusammenhalt geringer ist.
Diese auffallende Erniedrigung des Kammes zwischen Kleinem Wanner und Gatterlköpfen ist in ihrer ersten Anlage hervorgebracht durch den

tektonischen Bau des Gebietes, und ich muß zum besseren Verständnis diesen kurz besprechen.

Die Süd- und Westseite des Wettersteingebirges zeigt in ihrer ganzen Ausdehnung die Überschiebung der mit Muschelkalk beginnenden Schichtfolge über Jura und Neokom. Der südliche Hauptkamm, bestehend aus einem schmalen Muschelkalkstreifen, über welchem der mächtige Wettersteinkalk die Gipfel vom Isartal bei Mittenwald bis zum Wetterwandeck oberhalb Ehrwald aufbaut, erhebt sich im allgemeinen hoch über die südlich folgende Zone der jüngeren Schichten und bildet die Wasserscheide zwischen dem Reintal im Norden und dem Gaistal im Süden.

Dieses Verhältnis ändert sich westlich des Kleinen Wanner. Die Jura- und Neokomschichten sind dort höher aufgefaltet, die Wasserscheide zieht von dem gegen Westen sich senkenden Westgrat des Kleinen Wanner nach Südwesten weiter zu dem aus Neokommergeln aufgebauten Hohen Kamm und von dort im Halbkreis um den Kessel des Trauchelts herum über das Feldernjöchl zum Gatterl, wo sie wieder auf den Felsgrat übergeht. Durch die starke Aufwölbung der jüngeren Schichten ist somit dort nicht nur die Schubmasse abgetragen, sondern es mußte auch in dem basalen Gebirge selbst starke Erosion einsetzen, welche durch die mergelige Ausbildung des Neokoms noch gefördert wurde. Der tiefe Traucheltkessel wurde ausgearbeitet, und die dort abgelöste Masse ergoß sich über die niedrige Felsmauer im Norden hinab auf den Anger. Der Gatterlbach schnitt sich tief in die Mauer ein, längs einer Verwerfung.

Es zeigt sich daher, daß in dem Gebiete Tektonik und Gesteinsbeschaffung zusammenwirken in der Abtragung.

Die unmittelbare Veranlassung des Bergsturzes war, wie in den meisten Fällen, auch hier das Wetter. Es ist mir durch die Nähe der meteorologischen Hochstation auf der Zugspitze möglich, die Wetterlage in der dem Bergsturz vorhergegangenen Zeit ziemlich genau feststellen zu können. Herr Observator Dr. Anton Huber der bayrischen Landeswetterwarte in München gab mir in liebenswürdiger Weise eine Zusammenstellung der Beobachtungen vom 1.–6. Mai 1920, hierfür sei ihm auch an dieser Stelle herzlich gedankt. Es ergibt sich daraus, daß am 1. und 2. Mai Föhnwetter war mit langem Sonnenschein und Temperaturen, welche bis 2,5 bzw. 3,2 Grad anstiegen. Der 3. Mai war trüb und meist neblig, früh und abends erfolgte Schneefall, die Temperatur stieg noch bis 3,1 Grad. Am 4.-verstärkten sich Nebel und Schneefälle, die Höchsttemperatur betrug nur noch 1,2 Grad, abends sank die Temperatur auf -8,7 Grad. Der Neuschnee erreichte am 5. früh 20 cm Höhe, entsprechend 15,4 mm Niederschlagsmenge, tagsüber war Nebel und Schneefall, abends sank die Temperatur auf 13,0 Grad.

In der Nacht zum 6. Mai erniedrigte sich die Temperatur bis -14,7 Grad, die Niederschlagsmenge am 6. früh betrug 7 mm. Der Tag war vorwiegend heiter und schön, mit einer Sonnenscheindauer von 13fi-Stunden, dem Monatsmaximum. Die Temperatur stieg um 12,9 Grad bis abends 9-Uhr.

Für die Abrißstelle des Bergsturzes sind die Lufttemperaturen rund 5-Grad höher anzusetzen, die Felstemperaturen dagegen dürften, wie mir Herr Dr. Huber mitteilt, wegen der nächtlichen Ausstrahlung nicht höher als die Lufttemperaturen auf der Zugspitze anzunehmen sein.

Die meteorologischen Beobachtungen zeigen also, daß auf das Föhnwetter starke Niederschläge folgten, dann trat heftiger Frost ein, welcher das in die Spalten und Risse eingedrungene Wasser gefrieren ließ. Das durch Lagerung und Beschaffenheit für den Bergsturz schon vorbereitete Gestein erfuhr dadurch weitere Sprengwirkung, bei dem beträchtlichen und raschen Ansteigen der Temperatur taute das Eis im Gestein auf, dieses verlor seinen letzten Halt und stürzte ab.

Nach Albert Heim (»Über Bergstürze«. Neujahrsblatt Naturf. Ges. Zürich 1882) erfolgen die meisten Bergstürze im Frühjahr, infolge der Durchnässung des Bodens bei der Schneeschmelze. Nur die ganz großen Bergstürze (z.B. von Goldau, Elm, Plurs) sind in der ersten Hälfte September vor sich gegangen.

Von Herrn Dr. Huber begonnene Untersuchung über »Frostwechsel auf der Zugspitze« lassen, wie ich einer Mitteilung des Verfassers verdanke, erkennen, daß im 15-jährigen Durchschnitt die Anzahl der Tage mit Frostwechsel am raschesten ansteigt von April mit 4,0 Tagen zum Mai mit 12,8 Tagen. Der Mai zeigt die häufigsten Fälle der Erwärmung von einem Tag zum nächsten, aus der Tabelle auf S. 31 einer anderen Untersuchung von A. Huber (»Das Klima der Zugspitze. Beobachtungen der meteorologischen Station im Königreich Bayern«, Jg. 1913) geht das zahlenmäßig klar hervor.

Es ist demnach im Wettersteingebirge ebenso wie in den nördlichen Kalkalpen überhaupt der Mai infolge seiner klimatischen Eigenschaften der eigentliche Frühjahrsmonat, deshalb für Bergstürze besonders günstig. Das zeigt sich auch bei dem vorliegenden Fall, und zugleich tritt die unmittelbare Ursache der Auslösung des Bergsturzes durch die Wetterlage deutlich hervor.

Kurt Leuchs (1881–1949), Geologe und Paläontologe

Auf der Suche nach dem Alter des Bergsturzes »Steingerümpel« und anderen geomorphologischen Phänomenen – das Reintal aus geowissenschaftlicher Perspektive

Lothar Schrott, Gabi Hufschmidt, Martin Hankammer, Thomas Hoffmann und André Niederheide

Das Reintal bietet nicht nur Kletterfreunden und Bergwanderern reizvolle Erlebnisse, sondern ist auch für Geographen und Geologen ein außergewöhnlich spannendes Terrain. Noch vor rund 15.000 Jahren war das Reintal vermutlich bis zur Bockhütte von einem mächtigen Talgletscher bedeckt. Nur die höchsten umliegenden Gipfel ragten aus den Eismassen. Heute präsentiert sich dieses Tal durch die beeindruckend steilen Wände des Wettersteinkalkes und einen sanft ansteigenden Talboden, der hin und wieder von markanten steileren Passagen durchsetzt ist. Ein Blickfang von besonderer Schönheit ist der kleine See der »Blauen Gumpe«. Seine Existenz verdankt dieser See ebenso wie die »Hintere Gumpe« so genannten Felsstürzen, die das Tal an mehreren Stellen abdämmen und dadurch Felsschutt und Geröll sowie Wassermassen aufstauen. Doch wann sind diese großen Felsstürze, die man ab einem Volumen von 1 Million Kubikmetern auch Bergstürze nennt, ins Tal gestürzt? War die Ursache ein Erdbeben oder intensive, lang anhaltende Niederschläge? Wurde zu dieser Zeit das Reintal bereits begangen? Zu welchen landschaftlichen Veränderungen haben diese und andere Prozesse wie beispielsweise Lawinen und Muren geführt? Wie häufig wiederholen sich solche Ereignisse? Wie mächtig sind die aufgestauten Schutt- und Geröllmassen und können sie unter bestimmten Umständen mobilisiert werden?

Wissenschaftliche Untersuchungen gehen diesen Fragen nach. Damit soll die Genese einer Landschaft erklärt und mögliche Entwicklungen abgeschätzt werden. Im Rahmen eines von der Deutschen Forschungsgemeinschaft geförderten Gemeinschaftsprojektes untersuchen Wissenschaftler der Universitäten Bonn, Erlangen, Göttingen, Halle, München und

Regensburg seit 1998 am Beispiel des Reintals den Eintrag und Transport von Schuttmassen und Geröll durch alpine Prozesse (u.a. Lawinen, Steinschlag, Muren) sowie die damit verknüpften Ablagerungen.

Unser heutiges Wissen über das räumlich und zeitlich variable Auftreten von alpinen Prozessen und den dazugehörigen Reliefformen ist nach wie vor lückenhaft. Innerhalb eines alpinen Geosystems – und das Reintal repräsentiert ein solches – sind diese Prozesse »Motoren« der Sedimentbewegung, welche von den hoch oben gelegenen Karen bis hinunter zum Gerinne der Partnach kaskadenartig und nahezu permanent Schutt und Geröll transportieren. Nur die immer noch anhaltende tektonische Hebung der Alpen verhindert die Abtragung zum Mittelgebirge oder gar zum Flachland. In Hochgebirgstälern wie dem Reintal wird auf mehreren Etappen Sediment mobilisiert, abgelagert, erneut mobilisiert und schließlich ins Vorland abtransportiert. Ein auffälliger Ablagerungsbereich einer vormals mit großer Energie bewegten Gesteinsmasse ist z.B. das Trümmerfeld oder Bergsturzmaterial des »Steingerümpels« zwischen der Blauen und der Hinteren Gumpe. Ebenso fallen die großen Sedimentationsareale der beiden Gumpen auf (Abb. 1). Vor allem aber die mächtigen Schutthalden entlang beider Talflanken zählen zu markanten Zonen der Sedimentablagerung. Solche Sedimentspeicher können unter bestimmten Voraussetzungen wichtige Informationen über den Zeitpunkt bzw. die Zeitdauer bestimmter Ereignisse liefern (z.B. über Abläufe während des Holozäns, einen Zeitraum der bis heute andauert und mit Ende der letzten Eiszeit vor ca. 10.000 Jahren begann).

Neben der gewöhnlichen topographischen Karte ermöglicht die geomorphologische Karte neue Einblicke in die Landschaftsinterpretation durch die Darstellung von Formen und Prozessen. Um schließlich die Menge des abgelagerten Sedimentes erfassen zu können, müssen zusätzliche moderne Methoden und Techniken eingesetzt werden. Hierzu ist ein Blick unter die Oberfläche notwendig. Unterschiedliche geophysikalische Verfahren erlauben die Erkundung der Mächtigkeit von Lockersedimenten bis zum Festgestein. Mit Hilfe der Ausbreitungsgeschwindigkeit seismischer Wel-

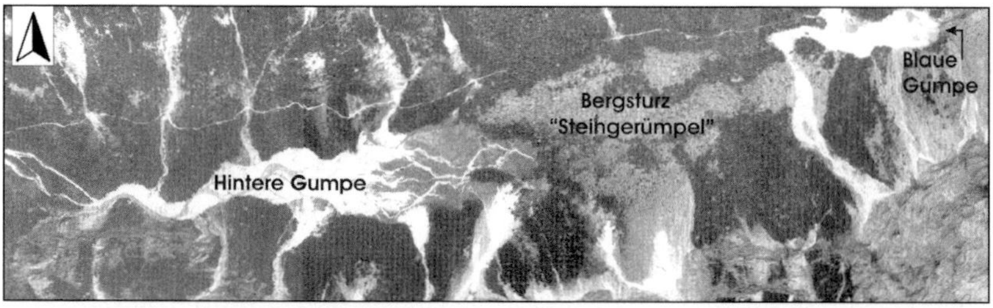

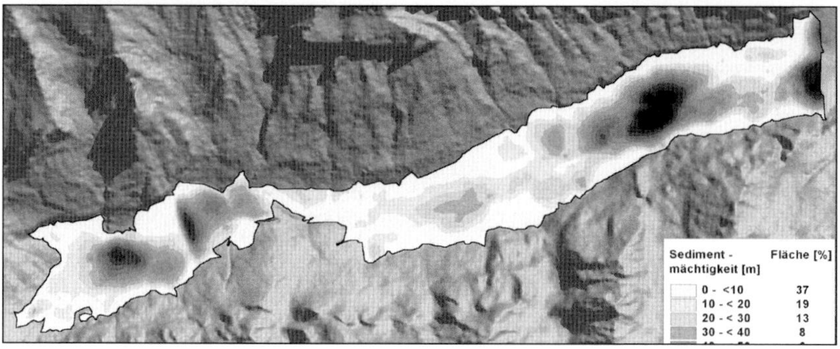

oben: Abb. 1, Luftaufnahme des hinteren Reintals
unten: Abb. 2, Sedimentmächtigkeit im Reintal
(die Legende der Mächtigkeit ist nicht vollständig abgebildet)

len (z.B. Refraktionsseismik) oder des elektrischen Widerstandes (Geoelektrik) im Untergrund, ist es möglich, den anstehenden Fels von den aufliegenden Lockersedimenten zu unterscheiden. Erste Ergebnisse unserer Forschungsarbeiten zeigen, dass die Sedimentmächtigkeiten deutlich geringer sind als eine Einschätzung durch Beobachtung und Kartierung vermuten lässt. Im Bereich der Hinteren Gumpe stößt man bereits nach rund 15 Meter auf Festgestein. Auf der Basis von geomorphometrischen Annahmen (z.B. Trogtalform) und seismisch gewonnenen Tiefeninformationen konnte die Verteilung der Sedimentmächtigkeit und das -volumen für das Reintal berechnet werden (Abb. 2). Für den Bereich des Talbodens und der angrenzenden Hangflanken wurde ein Gesteinsschuttvolumen von 0,07 km∆ berechnet, was bei einer Fläche von knapp 3 km≈ einer mittleren Mächtigkeit von 23 Meter entspricht. Auf das Fels- bzw. Bergsturzmaterial entfallen dabei rund 15% des Gesteinsvolumens und auf die großen Verlandungsbereiche der beiden Gumpen insgesamt 8%. Der Hauptanteil an Gesteinsschutt mit rund 77% ist jedoch in den Schutthalden und -kegeln gespeichert. Auch das Volumen einzelner Abschnitte oder einzelner Speicherkörper kann mit Hilfe solcher computergestützter Methoden (Geographische Informationssysteme) berechnet werden. Das Volumen der Bergsturzmasse »Steingerümpel« beträgt z.B. rund 2.800.000 m∆. Dies entspricht etwa 140.000 LKW-Ladungen!

Informationen zum Aufbau und Alter der Sedimentspeicher können auch über direkte Bohrungen gewonnen werden. Wie beim Entkorken einer Weinflasche werden hierbei komplette Bohrkerne in 1-Meter-Stücken »gezogen«. Im Bereich der Hinteren Gumpe wurden mehrere Bohrungen durchgeführt. Bis in eine Tiefe von 14,5 Meter konnte gebohrt werden. Der Aufbau dieser Bohrkerne spiegelt die herrschenden Bedingungen der Hinteren Gumpe zur Zeit der Ablagerung des Sedimentes wider. Eine sehr feine Schichtung, auch Laminierung genannt, mit Schichtdicken im Millimeterbereich, deutet auf das Vorhandensein eines ehemaligen Sees hin. Die Sedimentteilchen dieser Schichten bestehen aus sehr feinem Sand, Schluff und Ton, die nur Bruchteile von Millimetern groß sind. Andere Bereiche des Bohrkerns enthalten deutlich gröbere Komponenten bis hin zu zentimetergroßen Steinen und deuten beispielsweise auf ehemalige Murgänge.

Abgelagert werden aber nicht nur diese Verwitterungsprodukte, sondern auch Bestandteile von Pflanzen. Auch aus kleinen Pflanzenresten können Paläobotaniker die Arten bestimmen. Gelingt es nun noch, das Alter dieser abgestorbenen organischen Substanzen zu bestimmen, dann erlauben diese so genannten Proxydaten die Rekonstruktion von Klimaverhältnissen bestimmter Zeiträume. In einem Bereich der Hinteren Gumpe wurden aus einer Tiefe von 11,9 Metern Pflanzenreste geborgen und mit der C14-Methode (^{14}C, dies ist ein radiometrisches Verfahren, das Datierungen von organischen Substanzen ermöglicht) auf ein Alter von maximal 560 Jahren vor heute bestimmt. In dem flachen Abschnitt oberhalb des »Steingerümpels« wurden große Mengen an Sediment abgelagert, weil die Partnach und damit Wasser, Sand, Schutt und Geröllmassen durch die Bergsturztrümmer aufgestaut wurden. Unsere seismischen Befunde zeigen, dass die Mächtigkeit der Sedimente in der Hinteren Gumpe heute ca. 15 Meter beträgt. Bei einer theoretisch gleichmäßigen Sedimentation (Ablagerung) über den Zeitraum von 560 Jahren, ergibt sich eine jährliche Sedimentationsrate von etwas mehr als 2 mm. Aus dem Alter der geborgenen Pflanzenreste aus fast 12 Metern Tiefe und der Mächtigkeit der aufgestauten Sedimente über dem Festgestein lässt sich nun noch ein weiteres Geheimnis lüften: das ungefähre Alter des Bergsturzes »Steingerümpel«. Mit hoher Wahrscheinlichkeit brachen vor rund 600 bis 700 Jahren fast 2,8 Millionen m∆ Fels aus der steilen Nordwand. Bei genauem Betrachten der Wände oberhalb des Steingerümpels ist auch heute noch die Ausbruchsnische deutlich zu erkennen. Der Bergsturz ist demnach ein historisches Ereignis und vergleichsweise jung.

Die Frage von abgelagerten Sedimentmengen ist nicht nur im Hinblick auf vergangene oder zukünftige Entwicklungen interessant, sondern hat auch eine direkte Bedeutung für die Bewohner alpiner Täler. Sedimentspeicher sind häufig nur gering verfestigt und können unter bestimmten

Voraussetzungen (z.B. lang anhaltende Niederschläge, schnell ablaufende Schneeschmelze) leicht mobilisiert werden. Dies kann die Infrastruktur von Gebirgsregionen und ganze Dörfer bedrohen. In diesem Kontext gewinnen Erkenntnisse zu solch sensitiven Systemen wie den Hochgebirgen – auch im Zusammenhang mit dem viel diskutierten globalen Klimawandel – an Bedeutung und Dringlichkeit.

LOTHAR SCHROTT (*31.1.1962), studierte Geographie, Geologie, Sportwissenschaften, 1993 Promotion, Spezialgebiet Hochgebirgsmorphologie

Höhlen im Reintal

Adolf Triller

Zwischen Bockhütte und Reintalanger, auf dem Weg zur Zugspitze, liegt eines der schönsten Hochtäler der Bayerischen Alpen. Gerade der starke Kontrast zwischen der Lieblichkeit des Talgrundes und den grauen, abweisenden Felsfluchten hat seinen besonderen Reiz, und vielleicht sind die schwarzen Öffnungen hoch oben in den Wänden sogar Eingänge in eine geheimnisvolle Höhlenwelt? Hier muss ich Sie, verehrter Leser, leider herb enttäuschen. Bis auf das Riesenportal über dem »Steingerümpel« der beiden Gumpen wurden alle diese Löcher längst erkundet und enden ruhmlos nach spätestens zwanzig Metern ohne jede Fortsetzung. Was bleibt, ist höchstens die Frage nach der Entstehung dieser trotz allem rätselhaften Hohlräume – doch davon später.

Da eine Höhle ja sicher ohne uns Menschen auskommt und daher nicht unbedingt einen »Eingang« braucht, gibt es doch eine »echte« Höhle, sogar unten im Reintal! Von der Reintalangerhütte folgen wir einem Pfad, der bald vom normalen »Zugspitzweg« rechts abzweigend entlang der Partnach aufwärts führt. Vorbei am Hütterl des »Wasserkraftwerkes« der Angerhütte erreicht man nach etwa einer Viertelstunde den Partnach-Ursprung, einen eindrucksvollen Felskessel, dem die grünlich-klare Flut der Partnach entströmt. Hinter einer Felsecke versteckt, quillt das eiskalte Wasser aufwallend aus mehreren engen Öffnungen unter der Oberfläche eines mehrere Meter großen Quellbeckens. Im August wurde hier schon eine »Schüttung« von rund 4500 Litern pro Sekunde gemessen, aber wo kommen diese Wassermassen her?

Der Wettersteinkalk, der aus der Tiefe des Reintals bis zur Zugspitze reicht, ist »verkarstungsfähig«, er kann also von Niederschlägen chemisch gelöst werden. An der Oberfläche erkennt man diesen Vorgang vor allem am Fehlen oberirdischer Wasserläufe und an den vielgestaltigen Kleinfor-

men der »Karren«, wie sie bei uns vor allem im Steinernen Meer, aber auch auf dem Zugspitzplatt zu finden sind. Mit der »Verkarstung« verlegt sich die Entwässerung eines Gebietes in den Untergrund, das Wasser arbeitet sich tiefer und tiefer, weitet Klüfte aus, Höhlen entstehen – auch im Zugspitzplatt.
Die tiefste von ihnen, der »Finkenschacht« in einer Höhe von rund 2200-Metern gelegen, reicht nur 131 Meter in die Tiefe, es fehlen also noch rund 650 Höhenmeter bis zum Partnachursprung! Und doch müssen hier Verbindungen existieren, ein wahres Labyrinth muss es sein, das tief im Inneren des Berges die Wässer des Zugspitzplatts zur Partnach leitet. So gesehen ist der Partnach-Ursprung der »Ausgang« eines ansonsten unzugänglichen, riesigen Höhlensystems.
Hoch über dem Felskessel des Ursprungs, der nach oben in eine enge Steilschlucht übergeht, erkennt man die eindrucksvolle Mündung der »Höhle über dem Partnach-Ursprung«. Unter der Führung »eines gewissen Herrn Franz Fischer«, der zufällig auf der Angerhütte weilte, wurde diese gut 30 Meter lange Höhle schon 1932 wissenschaftlich erkundet. Auch hier, wie in den Reintalflanken, keinerlei Fortsetzungen, lediglich ein Wassereintritt an der Höhlenrückwand, der eindeutig aus der schon erwähnten Steilschlucht kommt.
Doch nun zurück zum Anfang und den Löchern in den Wänden des Reintales. Zwischen Hundsstallkopf und Jungfernkar liegen oberhalb eines steilen Wandgürtels zahlreiche Terrassen, Bänder und geneigte Plattenschüsse. In dieser relativ flachen »Felslandschaft« spannt sich direkt unter dem Jungfernkar eine kleine, elegante Naturbrücke über den Ausgang einer Rinne und etwas westlich oberhalb findet man einen eigentümlichen Felskessel, der wie ein eingebrochener Hohlraum aussieht. In die anschließenden Plattenschüsse ist eine schmale Trockenklamm eingetieft, die übergangslos beginnt und endet, ohne jede erkennbare Wasserzufuhr von oben. Ein noch viel größerer Canyon dieser Art, dessen untere Mündung auch vom Reintal aus sichtbar ist, gehört zum Kletter-Zugang des Kleinen Hundsstalles. Zwischen 10 bis 20 Meter hohen, senkrechten Fels-

wänden eingeengt, steigt man eine steile Blockhalde empor, bis man plötzlich in einem fast kreisrunden Felskessel steht. Ohne die tiefe Bresche in der linken Wand wäre hier ein Weiterkommen absolut hoffnungslos.
Alle diese sonderbaren Formen deuten auf Relikte einer längst vergangenen Landschaft hin, auf Höhlenruinen und ehemalige Wasserläufe, als die Sohle des Reintales noch Hunderte von Metern höher lag als heutzutage, vielleicht vor dem Eiszeitalter oder noch früher, als sich unsere Berge gerade erhoben hatten.
Gehen wir nun, vielleicht etwas nachdenklicher geworden, unseren Weg weiter durch die wilde Schönheit des Wettersteins.

Der Schweizer Bartl

Garmisch-Partenkirchner Tagblatt 1940

Tausendmal auf der Zugspitze! Wer das von sich sagen kann, der ist allein schon durch diese Leistung ein Original geworden, und der Schweizer Bartl kann es von sich sagen. Sogar noch mehr: »Und no zwoahundert!«, verbesserte er uns, »bi doch jeds Johr fufzg, sechzgmol doba gwen.« Das erste Mal mit 15 Jahren, heute aber ist er 83. »Mit'm Altenweber isch dös gwen, der hat'n Herra gführt dösmal: i trag nix' hot'r gsagt, war halt scho alt. Bi grad do gstanda, no frogt'r mi, ob i mitwill. Warom it', hann i gsait. Dös war no 's erscht Mol.« Und von da an ist der Schweizer Bartl immer öfter hinauf gegangen auf die Zugspitze, als Träger zuerst und Arbeiter. Er hat die ersten Drahtseile oben anbringen, hat die erste Hütte oben bauen helfen und war auch bei dem Ausbau der Knorrhütte mit dabei. »Die ersten Drahtseil han i zoga über die Plattn, isch a schwere Arbeit gwen, die Stift eischlagn in den Fels.« Und später ist er dann Bergführer geworden und hat Fremde hinaufgeführt, junge und alte, Herren und Damen, mutige und verzagte. Anfangs ist man durchs Reintal hinauf, aber der Schweizer Bartl hat bald auch den Aufstieg durchs Höllental gemacht und hat auch dann und wann einen Fremden dorthin mitgenommen. Ein Fabrikant aus Aischach war der erste, den er die schwere Route führte, als es noch keine Drahtseile dort gab und keine Stifte. Und dann sind es immer mehr geworden alle Jahre, die mit ihm auf die Zugspitze stiegen. Der Afrikaforscher Wolf hat sich ihm anvertraut, da sind sie schwer in den Schnee gekommen, bis an die Brust ist er ihnen gegangen. Oft ist er zu dem einsamen Meteorologen hinaufgestiegen und hat dem Zeitungen, Brot, Fleisch usw. gebracht, denn der hatte in seiner Behausung nur Konserven. Keine Bahn hat es damals hinauf gegeben, und die Knorrhütte stand im Winter leer, da war der froh, wenn ihn jemand aus der fernen Welt besuchte. Drum ist der Schweizer Bartl auch öfters an Sylvester oben gewesen und

hat dort in fast 3000 Meter Höhe das Neujahr erlebt. Alle hat er gekannt, die als Eremiten droben hausten in der meteorologischen Station, und allen hat er durch sein Kommen Freude gemacht, denn immer hat er ihnen etwas hinaufgebracht.
Der Schweizer Bartl war das so gewöhnt, schon von dem Bauen am Platt her, wo man alles durch Träger hat hinaufschaffen lassen müssen. »Hundertundfufz Pfund han i jedsmol tragn, Zement, Bretter, Material, was mer halt so braucht. So bin i damals gwen«, zeigt er stolz die einstige Weite seines Brustkastens. Und daher, meint er, müsse es auch kommen, dass er jetzt mit dreiundachtzig nicht mehr auf die Berge steigen kann, weil er es »nimmer recht derschnauft«, und war doch noch mit »Zwoasiebazg« zu Fuß droben auf der Zugspitze. Das war das letzte Mal. Sonst aber ist der Schweizer Bartl noch »gut beieinand« und man sieht ihm die Dreiundachtzig nicht an. Auch heute arbeitet er noch fleißig mit beim Holzmachen und im Stall. »I arbeit immer«, erklärt er uns, »i geh nit spaziern.« Und auf die Frage, ob er denn auch schon mit der Bahn auf der Zugspitze war, mit einer wegwerfenden Handbewegung: »Do mog i nit fahrn! I fahr nit mit dera Bahn, i geh z'Fuaß, fahrn ka jeder.« Ja, er hat auch sonst immer gearbeitet: beim König Ludwig auf dem Schachen, wenn der droben war. »Komm Bartl«, hat der gesagt, »tu mer mei Bost hola!« und da ist der Bartl hinunter gelaufen den weiten Weg nach Garmisch und hat seinem König die Post geholt. »Der ischt doch immer nachts spaziereganga.« Auch beim Prinzregenten hat er gearbeitet, wenn der auf dem Schachen war. Der Bartl hat was von der Welt gesehen, obwohl er sich eigentlich immer in der Nähe seiner Zugspitze aufgehalten hat. Die Welt, die große Welt ist zu ihm gekommen. Zwei Könige – außer dem Ludwig noch der König von Siam, dessen Kinder er oft im Hörnerschlitten mitgenommen hat vom Eckbauer herunter – ein Prinzregent, viele andere große und noch mehr kleine Herren von überall her. Der Bartl war nämlich nicht nur Bergführer, sondern auch Gastwirt; hat in Garmisch eine Wirtschaft gehabt und noch sonstwo, lange Jahre war er Pächter vom Eckbauer und heute sitzt er auf dem eigenen Gasthof in Kaltenbrunn. Immer sind die Gäste gern zu ihm

Wer tausendmal und öfter auf die Zugspitze stieg, gibt schon ein Postkartenmotiv her.

gekommen, denn er war ein lustiger Bursch. Ein Bild an der Wand zeigt ihn in Gesellschaft mit verschiedenen Madeln in seiner Zeit, die Gitarre in der Hand: »Schneidig schaut er her«, meint die Schwiegertochter, »und war der beste Jodler von Werdenfels.« Ursprünglich stammt die Familie aus der Schweiz, wo der Urgroßvater vom Bartl im Oberengadin gelebt hat. Daher hat sie auch den Beinamen »Schweizer«, während er eigentlich Johann Erhardt heißt, und daher hat auch einer seiner Enkel den schönen Namen Basilius. Wir sehen den Knirps auf einem Bild an der Wand beim Fingerhackeln mit einem anderen. »Dös ischt oiner«, lacht der Bartl, »den leids it in der Stubn, in der Früh auf und naus!«
So hat denn der Schweizer Bartl, nachdem er Tausende den schweren Weg auf den bekannten deutschen Berg geführt hat, viele gute Freunde, die ihn nie vergessen werden. An seinem 80. Geburtstag im Jahre 1937 sind Berge von Telegrammen, Briefen und Karten angekommen. Blitzsauber ist die gemütliche Gaststube in Kaltenbrunn, wo der Schweizer Bartl mit seinem Sohn und seiner Schwiegertochter jetzt wohnt. Die Wände sind voll von Geweihen und Gehörnen, ausgestopften Tieren und Bildern und der große Kachelofen strahlt eine prachtvolle Wärme aus, sodass man sich da richtig wohlfühlt. Da hat der Bartl die halbe Nacht erzählen müssen von seinen Zugspitzbesteigungen und von den »Herrschaften«, die er hinaufgeführt hat. Da hat er dann natürlich auch manche komische Geschichte berichtet, die vorgefallen ist mit den Bergsteigern und Bergsteigerinnen, wie von der feinen Dame, die er hat »mit naufnehmen müssen« und die es dann mit der Angst bekommen hat, sodass ihr unversehens etwas Menschliches passiert ist. Am Schluss hat der Brückner dann eine »Anred« auf den Bartl gehalten, weil es den Herren so gut gefallen hat.

In memoriam Andreas Sattler

Der Bayerländer. Mitteilungen der Alpenvereinssektion Bayerland

Sein still gehegter Lieblingswunsch, das letzte Wandproblem des Wettersteins, die Gaif-Südwand, noch zu meistern, auf die er sich in den letzten Tagen so recht gefreut, blieb ihm leider versagt ... Am 7. Oktober ist Andreas Sattler in der Blassen-Südwand tödlich abgestürzt.

»Bergheimat« – für jeden Bergsteiger ein vertrautes Wort! Denn wohl jeder hat sich ein Gebiet, eine Gruppe unserer Berge erkoren, denen seine ganze Liebe, sein ganzes Sehnen gilt. Zu ihr eilt er, wenn immer die Zeit es ihm gestattet; sie durchstreift er, um sie wirbt er auf allen Pfaden bei Sonnenschein und Sturm ...

Für uns »1860er Bayerländer« haben die Berge des Raintals nun einen harten Klang. – Ein Bergsteigerleben, reich an Erfolgen und Taten, fand am 7.10.1926 an der Blassen-Südwand durch einen Fall von ragender Felswand seinen jähen Abschluß. – Unseren Besten, unseren Andreas Sattler nahmen sie uns! Ihn, der sie liebte wie kein Zweiter. Noch vor wenigen Wochen beim 25-jährigen Jubiläum der Bergsteigerriege 1860 hatte er im Sinne der Eingangs erwähnten Zeilen auf diese seine Liebe zu des Raintals Bergen mit bescheidenen Worten, wie's stets seine Art, hingewiesen und schon am 9.10. trugen ihn seine Freunde mit wehem Herzen talaus.

Doch nicht grollen, nicht hassen wollen wir sie, unsere lb. Zinnen, die so traut auf die Hütte an der blauen Gumpe herniedergrüßen. Setzen sie ihm doch durch ihre Größe ein ewiges, unvergängliches Ehrenmal, würdig genug ihres treuesten Freundes. Wenn wir, sei's mit Kletterschuh oder Schi, in dieses hehre Reich alpiner Hochwelt eindringen, so wird uns aus allen Karen und Schluchten, von allen Gipfeln »Sattlers« Geist entgegenwehen und dankbar werden wir ihm ein stilles Gedenken weihen ... alle, die wir mit diesem einzigartigen Tourenkameraden eine Bergfahrt unternehmen durften und dem sie damit zu einem Erlebnis wurde.

Willi Leiner 1996 bei seinem 90. Geburtstag.

Willi Leiner – Knorrhüttenwirt und großer Alpinist

Ewald Weiß

Willi Leiner, geboren am 18.12.1906, war einer der letzten Zeitzeugen der berühmten »Münchner Schule« aus den zwanziger Jahren, als die Bergsteigerstadt die besten Kletterer ihrer Zeit vereinigte und Namen wie Heckmair, Solleder und Schmid in die Annalen der Alpingeschichte eingingen. Auch Willi Leiner zählte zu dieser verwegenen Garde.

Die zwanziger Jahre waren eine entbehrungsreiche Zeit. »Wir Giesinger waren arme Schlucker und die meisten arbeitslos. Uns – dazu gehörten Hans Ertl, Hans Brehm und Leo Rittler – haben sie damals als ›Proletenbande‹ beschimpft: draußen in Buchenhain waren auch die Brüder Franz und Toni Schmid, aber die waren was Besseres, die haben studiert.« Die Konglomeratfelsen des Münchner Klettergartens wurden zum Refugium einer verlorenen Jugend, der die Wirtschaftskrise nur Hoffnungslosigkeit zu bieten hatte.

Tage und Wochen hingen sie in Buchenhain herum und verbissen sich in die kleingriffigen und kraftraubenden Felsen; es war ihre einzige Möglichkeit, überschüssige Kräfte und brennenden Ehrgeiz in ein gutes Selbstwertgefühl umzugießen.

Buchenhain war ein Brennpunkt, an dem sich viele trafen: Heckmair und Steger von außerhalb; die Schmid-Brüder, Rittler und Brehm, Solleder, Leiner und andere. »Den Kraftriss haben wir fünfzigmal hintereinander gemacht«, und wie beschwörend sagt Willi Leiner: »Sauberes Gehen, sauberes Gehen, das konnten wir wie im Schlaf und mit absoluter Trittsicherheit – auch in unsicherem Fels, wenn es sein musste.«

Die harte Schule von Buchenhain förderte nicht nur die technischen Fähigkeiten, sondern auch eiserne Disziplin und Willensstärke. Die Einführung eines sechsten Schwierigkeitsgrades war gerade in der Diskussion; Welzenbach, der große Eisgeher, hielt diesen Schritt für dringend notwen-

dig. In Buchenhain war man aber schon weiter: der Kraftriss gilt heute als 7-, der Rittler-Quergang als 8, schon damals frei geklettert!
Doch das schwierige Training im Klettergarten galt nichts und die Jungen waren Außenseiter, auch in den Alpenvereinen. Sie wurden als Chaoten und Verrückte abgetan, zudem hatten sie ja im »richtigen Gebirge« noch nichts bewiesen. Soziale Konkurrenz, Neid und Missgunst waren eine alltägliche Erfahrung; eine berufliche Zukunft als Bergführer war den jungen Talenten infolge der Blockadepolitik praktisch verwehrt. Einzig Emil Solleder stand aufgrund seiner überragenden Taten in den Dolomiten über dem Gezänk und konnte sich als Bergführer etablieren.
Innerhalb der Münchner Sektionen setzte sich der Professor Dr. Georg Leuchs, selbst ein profilierter Kletterer, für die Jungen ein – und Willi Leiner hatte Glück. Nachdem in die Knorrhütte (Wettersteingebirge) mehrfach eingebrochen worden war, beschloss der Sektionsvorstand, eine ständige Wache auf der Hütte zu postieren und Willi Leiner wurde dafür auserwählt. Es gab kein Geld für den Hüttendienst, aber Kost und Logis waren frei, und es gab genug Zeit zum Klettern. Über einem Türrahmen wurde eine Klimmzugleiste angebracht – stundenlang wurde daran bis zur Erschöpfung gezogen. Manchmal kam auch Solleder vorbei. Er und Leiner bewältigten eine 70 Meter hohe überhängende schwierige Verschneidung, die sie So-Wi-Verschneidung (Solleder-Willi) tauften, es war das härteste Stück Kletterei in der Gegend. Willi Leiner lächelt ein bisschen grimmig: »Da ist kein Bergführer hinaufgekommen!«
Mit einem ausbrechenden Haken stürzte Willi Leiner 1934 am Brunntalkopf 40 Meter tief auf den Boden und überlebte wie durch ein Wunder mit schweren Verletzungen. Für den Rest seines Lebens musste er jetzt einer anderen Herausforderung begegnen, denn der Sturz hinterließ chronische Schmerzen, die erst im späten Alter erfolgreich bekämpft werden konnten. Schon 1932 hatte er seine Frau geheiratet, die ihm zeitlebens eine feste und zuverlässige Stütze blieb. Während der dreißiger Jahre bewirtschaftete das Paar die Knorrhütte und fand eine gesicherte Existenz; es wurde für die beiden die schönste Zeit ihres Lebens, wie seine Frau

heute sagt. Trotz seines gesundheitlichen Handicaps wurde Willi Leiner 1941 zur Wehrmacht eingezogen und diente im Deutschen Afrika-Korps; 1943 geriet er in britische Kriegsgefangenschaft, aus der er 1947 entlassen wurde, Während der amerikanischen Besatzung war das Hotel der Schwiegereltern von der Zwangsrequirierung befreit, und die Leiners konnten sich wieder eine neue Existenz in Partenkirchen aufbauen. Das Hotel unweit der Olympiaschanze wird heute von den Kindern betreut. Willi Leiner und seine Frau konnten auf ein erfülltes, wenn auch nicht sorgenfreies Leben zurückblicken.

EWALD WEISS (*19.6.1950), Grafikdesigner, Kletterer, war Mitarbeiter der Zeitschrift »Berge« und bei »DAV Panorama«, hat etliche Artikel im alpinen Bereich verfasst, Mitautor von Reinhard Karls Buch »Yosemite, Klettern im senkrechten Paradies«

Nicht tausendmal auf der Zugspitze, aber dafür Olympiasieger –
Postkarte mit Wolfgang Zimmerer und Peter Utzschneider

Olympiasieger, Erfinder und Hüttenwirt – Peter Utzschneider

Charly Wehrle

Ende der sechziger Jahre tauchten auf den Wintersportseiten der Zeitungen und Magazine immer öfter zwei Namen auf. Peter Utzschneider und Wolfgang Zimmerer aus Ohlstadt, auch die Bobzwillinge genannt. Mehrmals Welt- und Europameister im Zweier- und Viererbob, 1972 in Sapporo Olympiasieger im Zweierbob, Olympiadritte 1972 in Sapporo und 1976 in Innsbruck. Klingende Namen in der Bobsportszene, die das Dorf Ohlstadt im Werdenfelser Land auf einen Schlag bekannt machten.
Peter Utzschneider, Pächter der Reintalangerhütte von 1974–1978, hatte an diesen Erfolgen als Bremser wesentlichen Anteil, hauptsächlich aber war er der Erfinder und Tüftler, wenn es um technische Finessen am Bobschlitten ging.
Auch als Peter Utzschneider Reintalangerwirt wurde, stellte er seinen Ruf als genialer Erfinder unter Beweis: ob es der Prototyp eines Dreiradlers war, den er aus einer 250er BMW und einer BMW Isetta zusammenbaute und zum Transport auf dem Reintalweg benutzte, ob es der Haflinger von Steyr-Puch, den er zu einem schmalspurigen Transportfahrzeug umbaute, oder ob es das Wasserrad an der Partnach nahe der Reintalangerhütte war, mit dem er den ersten elektrischen Strom dort einführte.
Ich selbst erlebte noch die Gaslampenzeit am Stuiben und im Oberreintal und habe nicht vergessen, wie oft Gäste den mimosenhaft empfindlichen Gasglühstrumpf beim Anzünden zerdrückten und ich immer wieder für Nachschub sorgen musste. Auch Peter Utzschneider ging es in seiner Zeit am Reintalanger nicht viel besser, ständig waren diese Gasglühstrümpfe ein Ärgernis. Schließlich ging Peter Utzschneider her, maß die Fließgeschwindigkeit der Partnach, um zu ermitteln, wie viele Umdrehungen ein Wasserrad mit zwei Metern Durchmesser pro Minute macht. In mühevoller Kleinarbeit hat er sich ein Wasserrad aus widerstandsfähi-

gem Lärchenholz zusammengebaut und mit einer über einen Betonsockel laufenden Achse verbunden. Die Kraft des Partnachwassers reichte aus, um ein 100:10-Getriebe über eine Waschmaschinen-Keilriemenscheibe und über eine 24-Volt-Lichtmaschine Lichtstrom für die gesamte Reintalangerhütte zu erzeugen. Damit hatte das Stromzeitalter lange vor der eigentlichen Elektrifizierung im Jahre 1985 im Reintal begonnen, eben durch den Erfindergeist Peter Utzschneiders. Bis 1988 noch drehte sich das Wasserrad an der Partnach und seine Achse spielte jedes Frühjahr zum Saisonbeginn eine schaurig schöne Rostmelodie, sobald die Partnach Wasser zu führen begann.

Obwohl das Wasserrad zu seiner Zeit absolut umweltfreundlich Strom herstellte und manchem Hüttengast ob seiner Schönheit erfreute, war es von Anfang an dem Landratsamt Garmisch-Partenkirchen ein Dorn im Auge, angeblich hat es unter anderem den Partnachfluss gestaut. Deswegen musste es im Herbst 1988 von seinem schönen Platz verschwinden. Nur noch der Betonsockel und die Antriebsachse künden vom einstigen ersten Lichtstromlieferanten. Ein paar Aufnahmen gibt es noch in alten Fotoalben.

Willy Michl – Sound of Thunder

Charly Wehrle

Es war in einer Nacht im Juli 1986, ein heftiges Gewitter hatte die unerträgliche Schwüle durch einen starken Regenguss in angenehme Kühle verwandelt. Der Wind blies die letzten Wassertropfen von den Buchen und Ahornbäumen und die Partnach sprudelte munter ihre Serenade. Zu später Stunde kamen Helmut und Gudrun, zwei gute Freunde von mir, und Siggi, mein jüngster Bruder, von Partenkirchen herauf. Noch während sie dem Gebirgsfluss lauschten und der Bockhütte am Beginn des Hinterreintales entgegen gingen, war es ihnen, als hörten sie eine entfernte Melodie, Musik, die ihnen irgendwie bekannt vorkam, aber wahrscheinlich war das eine Täuschung, eine Art nächtliche Fata Morgana. Da war sie wieder, die Musik: »Hört sich an wie wenn Willy Michl ›Blues goes to Mountain‹ singen würde, aber mitten in einer Julinacht im Herzen des Wettersteins? Nein das kann nicht sein, das muss ein Irrtum sein«, stellte Helmut fest. Und doch, da war sie wieder, die Melodie, stärker als zuvor. Bam, ba, ba, ba, bam, ba, ba, ba, bam, ba, ba, ba, bam, Blues goes to Mountain, Blues goes to Mountain, bam, ba, ba, ba, bam, ba, ba, ba, bam, ba, ba, ba, bam. Und als die drei dann die Bockhütte erreichten, meinten sie, sie stünden im Vorhof eines Konzertsaales. Von drinnen kam wieder »Blues goes to Mountain«, so laut, als fände ein Live-Konzert von Willy Michl persönlich in der Bockhütte statt.

Dann war Gudrun aber auch schon an der Tür zur Gaststube und öffnete diese. Ein Schwall von Dampf und Rauch kam ihr entgegen und mittendrin in diesem Nebel erkannte sie tatsächlich Willy Michl und neben ihm Peter Schneyder, ein Musiker, der ihn schon lange begleitete.

Kurz darauf stieß auch ich zu der Party. Zu später Stunde war ich noch auf meiner 250er Yamaha das Reintal hinuntergefahren. »Hockts eich hi do!«, meinte Schorsch der Schäfer. Gerade, dass wir noch Platz fanden in der

rappelvollen Hütte zwischen einigen Partenkirchner Prominenten, Willy-Michl-Fans und ein paar Schafbauern. Dann gings auch schon wieder auf. Das Boblied, der Telefon- und der Waxensteinblues, all die bekannten Evergreens von Willy Michl dröhnten durch die Verstärker in der kleinen Bockhütte. Unglaublich, dieses Konzert mittendrin im Wetterstein, zwischen vollen Weißbiergläsern und halbleeren Weinflaschen, zwischen Zigarettenqualm und Brotzeittellern. Natürlich interessierte mich, warum es gerade hier dieses Konzert gab. Ich musste mich schon länger durchfragen, aber schließlich hatte ich es doch geschafft und bekam die Antwort: Rupp Grasegger, Unternehmer aus Partenkirchen, war in Kalifornien von einer schweren Krankheit heimgesucht worden. Dabei soll er gesagt haben: »Wenn ich das Werdenfelser Land noch einmal gesund erreiche, dann lasse ich den Willy Michl auf der Bockhütte spielen.« Und dieses nächtliche Konzert war die Einlösung seines Schwures.
Im Frühling 1989 dann ging ein Raunen durch die Bergsteigerzunft, zumindest durch diejenige, die gerne das Zugspitzgebiet besucht.
Willy Michl war in früheren Jahren Hüttenwirt der Knappenhäuser gewesen, aber hauptsächlich bekannt wurde er als bayerischer Bluesbarde. In den siebziger und achtziger Jahren hatte er stets vor vollen Sälen aufgespielt. »Das Isarflimmern«, »Blues goes to Mountain« und »It's an Indian Summer« – drei seiner unsterblichen Evergreens – hatten Willy Michl als Sänger über Nacht berühmt gemacht.
Richard Prommer, langjähriger Pächter der Knorrhütte, übernahm 1989 die Höllentalangerhütte. Also wurde ein neuer Wirt für die Knorrhütte gesucht. Ich weiß noch gut, wie das Gerede unter den Einheimischen hin und her ging: »Der wird neuer Pächter, nein soviel ich weiß wird's der, usw.« Dann aber die Sensation. Willy Michl, der Bluesbarde aus München, kehrt zurück in den Wetterstein. Garmisch-Partenkirchen und Umgebung hatte sein Thema. Wie nur hatte Willy Michl es geschafft, den Vorstand der Sektion München des DAV zu überzeugen, dass er der Richtige sei? Vom ersten Augenblick des Bekanntwerdens dieser Nachricht war klar, dass es in der Saison 1989 drei Lager unter den Besuchern der Knorrhütte

»It's an Indian Summer«
Willy Michl musiziert
vor der Knorrhütte.

geben würde: Die Pro-Willy-Leute, die Alpenvereinsmitglieder und diejenigen, die sich über die Diskussionen der anderen beiden Gruppen über Pro und Contra amüsieren würden. Und die gab es in Hülle und Fülle.
Ungläubiges Staunen überfiel viele Bergsteiger, die durch das Reintal hinauf zur Zugspitze wanderten und plötzlich vor einem Hünen von Mann mit nacktem Oberkörper, einer knallengen Leggins, streng zurückgekämmten Haaren und einer darin steckenden Adlerfeder gegenüberstanden. Ja, sie trauten ihren Augen nicht und empfanden das Aussehen des neuen Wirtes entweder als Provokation oder aber sie schmunzelten in sich hinein. Der Meinungsaustausch der Gäste untereinander spielte sich wahrscheinlich dann weiter oben ab, wenn man schon ein Stück auf dem Platt unterwegs war.
Ich selbst sah die Dinge, die sich angeblich auf der Knorrhütte abspielten, völlig distanziert. Täglich wurde ich nach meiner Meinung gefragt, was ich denn zum neuen Pächter, der ja auf dem Papier Willy Michls Frau Eva war, sagen würde. Gleichmütig antwortete ich stets: »Ein jeder hat seinen eigenen Stil.«
Mir wurden viele Dinge zugetragen: Von wilden Parties auf der Knorrhütte war die Rede, von schönen Frauen mit exotischen Namen wie »Flinkes Reh«, »Child of sun«, »Braunes Auge« etc. Auch Willys und Evas Koch trug einen schönen Namen: »Roter Adler«.
Die Parties sollen oft lang gedauert haben. Mir fiel nur auf, das wir am Reintalanger sonntags oft unser gemeinsames Frühstück um 9 Uhr verschieben mussten. »Auf der Knorrhütte hat niemand rechtzeitig Frühstück hergerichtet, deswegen sind wir jetzt hier und haben hungrige Bäuche!«, hieß es von den Bergsteigern, die von oben kamen. So sorgte die Knorrhütte für unseren Umsatz. Wie hätte ich da auf meinen Nachbarn Willy Michl böse sein sollen?
Einmal rief er mich an und erkundigte sich, was denn die Gäste so über die Knorrhütte reden würden. Da erklärte ich ihm wie einem guten Freund: »Willy, sei so gut und sag deinen Helfern, sie sollen die Toiletten ein wenig sauberer halten, nur ein guter Rat von mir.« Eine Woche später rief

er wieder an und erklärte mir: »Charly, du kannst den Leuten sagen, die Scheißhäuser sind sauber!«
Kurz und gut, im September 1989 hatte ich endlich selbst Zeit, Willy auf der Knorrhütte zu besuchen. Mein Bruder Wolfgang – ein langjähriges DAV-Mitglied – begleitete mich. Willy stand mit seiner Gitarre draußen auf der Terrasse, es war ein sonniger Frühherbstnachmittag. Wieder in engen Leggins, mit nacktem Oberkörper und seiner Adlerfeder in den streng zurückgekämmten Haaren. Schnell brachte er zwei Teller feine Champignonsuppe. Wir waren ausgesprochen hungrig und ließen uns die warme Suppe schmecken. Dennoch entging mir mit keinem Blick, dass mein Bruder Willy von der Seite musterte und dabei genau wie viele andere Mitglieder des DAV leicht den Kopf über Willys Outfit schüttelte. Willys konträre Art, die in den Augen vieler Gäste nur als »contra Alpenverein« gewertet werden konnte, schockierte viele. Leider führte sie auch dazu, dass viele Urteile über Willy verbreitet wurden, die nicht gerechtfertigt waren. So entstand schnell ein negatives Gesamtbild und die Positionen Willy Michl/Knorrhütte contra Alpenverein verhärteten sich. Die Sektion München sah am Ende der Saison 1989 keine andere Möglichkeit mehr, als das Pachtverhältnis mit Eva und Willy Michl aufzulösen.
Mir tat es leid, denn wir als Nachbarn auf der Reintalangerhütte erlebten in diesem Sommer einmal eine völlig unkonventionelle und andere Art, wie ein Alpenvereinshaus geführt werden kann.

Der Hund unterm Gatterl

Markus Opitz

Eines Abends wurde ich von Charly zum Holzholen geschickt. Draußen war es schon dämmrig, es regnete, der Kleine Wanner war wolkenverhangen. Während ich das Holz in den Korb legte, hörte ich das Heulen eines Hundes. Es war sehr leise und übertönte nur knapp das Rauschen der Partnach. Ich dachte kurz an eine Geschichte, die ich einmal in einer Alpinzeitschrift gelesen hatte. Dort wachte ein treuer Hund neben einem tödlich abgestürzten Bergsteiger, bis er selbst den Hungertod starb. Ich ging zurück in die Hütte und maß dem Ganzen keine weitere Bedeutung zu.

Am nächsten Morgen trete ich vor die Hütte, um nach dem Wetter zu sehen. Die Wolken hängen noch immer im Tal, es nieselt. Ist da nicht wieder das Heulen eines Hundes zu hören, allerdings bedeutend leiser? Ich entferne ich mich von der Partnach, um das Heulen des Hundes genauer zu orten. Es könnte vom Gatterl kommen, einem Übergang vom Zugspitzplatt nach Ehrwald. Sofort steige ich über wegloses Gelände zum Gatterl auf. Das Heulen des Hundes ist deutlicher zu hören, ich bin auf dem richtigen Weg! Jetzt habe ich genug Zeit, mir die Geschichte mit dem abgestürzten Bergsteiger genau auszumalen – außerdem habe ich Angst vor Hunden ... Oberhalb der Latschen steige ich über einen abenteuerlichen Klettersteig der »Schaferer« in die tiefste Scharte, das Heulen ist in ein Wimmern übergegangen, ich bin bereits ganz nah. Ich sehe den Hund! Auf einem winzigen Felsvorsprung inmitten einer Felswand liegt ein Berner Sennhund, dreißig Meter unter mir. Sofort rufe ich ihm zu, er hebt müde den Kopf. Gott sei Dank – ein abgestürzter Bergsteiger ist weit und breit nicht zu sehen. Da es lebensgefährlich wäre, über das feuchte Gras und die glitschigen Felsen zum Hund hinab zu klettern, rufe ich ihm zu: »Hey – Hunderl – wir retten dich bald – wir holen die Bergwacht, bleib

liegen und rühr dich nicht!« Er merkt kurz auf, ich glaube, einen dankbaren Blick zu erkennen, müde lässt der Hund seinen Kopf sinken.
Schnell steige ich zur Hütte ab. Während ich Charly atemlos berichte, höre ich einen Hubschrauber hinter der Hütte landen. Gerade an diesem Tag findet eine Übung der Bergwacht statt, viele Bergwachtler sind bereits in der Hütte! Sofort bereiten sie sich für eine Bergung vor, gleich darauf steigt der Helikopter auf, an einem Drahtseil hängen zwei Bergwachtler. Mit dem Fernglas verfolgen wir, wie sie beim Hund abgesetzt werden; der Hubschrauber wartet inzwischen über ihnen. Nach wenigen Minuten werden die zwei Bergwachtler mitsamt dem Hund am Drahtseil nach oben gezogen und verschwinden im Helikopter. Kurze Zeit später landet er hinter der Hütte. Ein Bergwachtler hilft dem erschöpften Hund beim Aussteigen. Das Tier torkelt mühsam zur Hütte und legt sich unter eine Bank im Gastraum. Charly holt sofort einen Eimer Wasser, den der Hund in einem einzigen Zug aussäuft. Sechs Wiener und ein großes Stück kalten Schweinsbraten schlingt er hastig hinunter, um gleich darauf in einen tiefen Schlaf zu fallen.
Nachdem die Bergwachtler ihre Übung planmäßig beendet hatten, nahmen sie den Hund im Helikopter mit und gaben ihn beim Tierheim in Garmisch ab. Da das Tier keine Hundemarke trug, konnte trotz Hilfe der Polizei der Besitzer nicht ausfindig gemacht werden. Erst als das Garmischer Tagblatt einen Bericht über die Rettungsaktion geschrieben hatte, meldete sich ein Hotelbesitzer aus Ehrwald, dem das Tier gehörte. Der Hund hieß »Bazi«, war offenbar auf Freiersfüßen unterwegs und war dabei abgestürzt.
Obwohl sich diese Geschichte bereits vor 15 Jahren ereignet hat und Bazi vermutlich schon gestorben ist, haben Charly und ich immer noch ein Essen im Hotel Spielmann gut. Bald werden wir nach Ehrwald kommen!

Markus Opitz (4.3.1965), Chemie- und Biologiestudium, Studienrat am Gymnasium, Bergsteiger und Musiker, gehört seit 1987 zum Reintalangerkreis

Ein Schaf namens Charlotte

Ralf Schick

1987 hatte ich die Schule beendet und wollte anschließend zur Bundeswehr, zu den Gebirgsjägern. Ich hatte für den 1. Juni meinen Einberufungsbescheid in die Kemmelkaserne nach Murnau zu einer Fernmeldeeinheit der Gebirgsjäger. Es plagten mich aber in den letzten Wochen vor dem »Amtsantritt« noch heftige Gewissensbisse, und so habe ich kurzerhand den Kriegsdienst an der Waffe verweigert. Eine Entscheidung, die ich bis heute nicht bereut habe.

Ich hatte es nun mit einer ganz neuen Situation zu tun und vor allem konnte ich davon ausgehen, dass die Bearbeitung meines Falles beim Kreiswehrersatzamt einige Zeit in Anspruch nehmen würde. Ich hatte also den Sommer über frei und keine konkrete Vorstellung, wie ich diese Zeit gestalten könnte. Über Siggi Wehrle, bei dem ich ein paar Mal in der Gärtnerei ausgeholfen hatte und der meine Situation kannte, kam ich in Kontakt mit seinem Bruder Charly, der Hüttenwirt auf der Reintalangerhütte im Wettersteingebirge war und für den Sommer noch einen Mitarbeiter suchte. Bevor ich nun zum eigentlichen Thema – das Schaf Charlotte – komme, sei hier lediglich noch erwähnt, dass ich einen wundervollen Sommer im Wettersteingebirge verbracht habe, als »Hausl« (Hüttenwirtslehrling) auf der Reintalangerhütte.

An einem sonnigen Tag im Juli, die Schäfer der »Weidegenossenschaft Partenkirchen« hatten ihre Tiere bereits seit einiger Zeit ins Reintal getrieben, kam es angeschwommen. Ein kleines Schäflein, das direkt bei der Geburt oder kurze Zeit danach in die Fluten der Partnach gefallen sein musste und von diesen mitgerissen wurde. Ich selbst war bei der Rettung nicht dabei, aber das Geschrei, bis das Schaf, das ja selbst noch nicht schwimmen konnte, an Land gebracht war, konnte ich bis in die Küche hinein gut hören.

Der erste Anblick des Tieres war für mich eher erschreckend. Es handelte sich um eine gute Handvoll schwarzes, nasses Etwas, das von einem Nichtfachmann wie mir nur bei genauerem Hinsehen als Schaf identifiziert werden konnte. Ganz schwarz war es allerdings nicht, es hatte weiße Fußspitzen, einen weißen Streifen von der Stirn bis zur Schnauze und einen weißen Fleck am linken Ohr. Wir konnten es somit also auch zu späteren Zeiten gut von ihren gleichaltrigen Artverwandten unterscheiden, da es in diesem Sommer das einzige »schwarze Schaf« im Reintal war.
Nach einer kurzen Ruhezeit – das Schaf wurde abgetrocknet und gestreichelt – stellte es sich zum ersten Mal auf seine Beine und uns vor eine entscheidende Frage: Wie geht's jetzt weiter???
Am Nachmittag des Rettungstages kam Schorsch, der Schäfer. Seiner Meinung nach sollten wir das Tier behalten, denn selbst wenn wir bei der fast aussichtslosen Suche nach dem Muttertier Erfolg haben sollten, würde dieses ihr Junges jetzt sowieso nicht mehr annehmen. Seine Aussage, das Tier würde auch ganz gut zu uns passen, verstanden wir natürlich als Spaß, weil das Schaf ein Herdentier ist und wir nach der Auffassung von Schorsch also eine geeignete Herde darstellten. Wer von uns das Leitschaf sein sollte, hat er allerdings nicht gesagt.
Eine bessere Lösung für die Ermöglichung einer hoffnungsvollen Schaf-Zukunft haben wir nicht entdecken können und somit hatte das Schaf in der Belegschaft der Reintalangerhütte seine neue, wenn auch untypische Herde gefunden. Die genaue Rollenverteilung bezüglich Leithammel blieb jedoch den ganzen Sommer über ungeklärt.
Das Schaf war weiblich und brauchte einen Namen. Wir wollten auf jeden Fall etwas Vertrautes. Als kleine gedankliche Exkursion muss ich erwähnen, dass die ständige Belegschaft der Reintalangerhütte in diesem Sommer aus Charly, dem Hüttenwirt, Charlotte (Lotte) der Wirtin, Bill, einem Amerikaner und mir, Ralf, bestand. Die Namen Charly, Bill und Ralf kamen für ein weibliches Schaf einfach nicht in Frage, also nannten wir das Schaf Charlotte. Die richtige Charlotte war übrigens auch einverstanden.

Die nun beginnende »Kindheit« auf der Hütte war für alle – für das Lamm wie auch für uns – teils wunderschön, aber manchmal auch ziemlich beschwerlich.
Charlotte wurde mit Kuhmilch aus einer Babytrinkflasche groß gezogen, aus der sie am Anfang fast nichts getrunken hat. Es dauerte einige Zeit, bis wir das zu kleine Loch im Sauger als Ursache für diese Trinkfaulheit erkannt haben. Mit größerem Loch ging's gleich viel besser und das Schäflein wuchs und gedieh. Gegen Ende der Flaschenzeit haben wir uns einmal einen Scherz erlaubt und die Flasche mit einem Schluck Bier gefüllt. Dieses etwas andere Getränk hat sie in einer nie da gewesenen Rekordzeit verschlungen und danach – wie könnte es auch anders sein – ihren ersten und wohl auch einzigen Rausch gehabt. Es war ein witziges Schauspiel, wie sie beim Vorwärtsgehen vergaß, die vorderen Beine zu bewegen und demzufolge vornüber fiel. Wir hatten trotz momentanem Spaß anschließend ein ziemlich schlechtes Gewissen. Aber Charlotte hat uns diese Aktion nicht übel genommen, denn am nächsten Tag, nach einem sehr langen Schlaf, hat sie wieder aus der Flasche getrunken – von nun an allerdings nur noch Milch.
Charlotte war vom Typ her kein Schaf, sondern eher ein Hund, wenn's auch mit dem Bellen nie so richtig klappen wollte. Bei meinem allabendlichen Spaziergang, nachdem das Abendessen für die Gäste erledigt war, ist sie mir auf Schritt und Tritt gefolgt und hat sich neben mich gelegt, wenn ich mich auf einen Stein gesetzt habe. Das Reaktionsvermögen auf Pfiffe war ebenfalls gut ausgeprägt. Hat man einen Pfiff losgelassen, ist Charlotte auch schon um eine Hausecke gerannt gekommen. Ein Punkt, in dem sie sich allerdings doch erheblich von einem Hund unterschied, war ihr Verhalten, wenn sie mal musste. Sie hatte sich angewöhnt – sehr zum Leidwesen aller anderen Beteiligten – ihr »Geschäft« in der Küche unter der Eckbank zu verrichten. Dies hat zum einen ziemlich gestunken und zum anderen mussten wir mit einem Besuch vom Wirtschaftskontrolldienst rechnen. Das Schaf bekam Küchenverbot! Die Küche blieb verschlossen und der Ausschank wurde über die Durchreiche in der Küchentür getä-

tigt. Ob Schafe an sich hinterlistig sind, weiß ich nicht, aber unseres war es. Wurde die Küchentür nur um einen Spalt geöffnet, stürmte das Schaf mit einer Geschwindigkeit, die ein Hinterherkommen unmöglich machte, unter die Eckbank und tat das ihrige. An Tagen, an denen wir das Küchenverbot erfolgreich vollstrecken konnten, waren dann eben Hausgang und Terrasse mit »Kaffeebohnen« übersät. Ob so oder so, geputzt werden musste in jedem Fall.
Schafe sind keine Allesfresser! Sie gehören zur Gruppe der Wiederkäuer und sind somit Pflanzenfresser. Die Ernährungsberatung durch einen Tierarzt hat uns bewogen, unserem jungen Schaf kein Brot mehr zu füttern und unsere Gäste durch ein Schild auf der Terrasse darauf hinzuweisen. Leider konnte Charlotte nicht lesen und manche der Gäste wohl auch nicht. Sie bekam weiterhin Brot und hat ab und an den Komposthaufen am Waldrand durchforstet. Dass Verdauungsprobleme – auch bei einem kleinen Schäflein – Blähungen und eine gewisse Geruchsbelästigung mit sich bringen können, brauche ich hier wahrscheinlich nicht extra zu erwähnen.
Die Blähungen wurden immer stärker, Charlotte musste zum Tierarzt! Bis zum Umschlagplatz mit dem Motorrad und weiter mit dem Auto. Ein Anblick für sich: als Sozius saß die richtige Charlotte auf dem Motorrad, in der Mitte Charly als Fahrer, der bäuchlings einen Rucksack trug, aus dem Charlotte, das Schaf, schaute.
Dass sich Charly bei dieser Fahrt beim Absteigen einen Muskelfaserriss am Rücken zuzog und sich, neben dem Motorrad liegend, kaum mehr bewegen konnte, wäre eine Geschichte für sich.
Charlotte wurde beim Tierarzt stinkenderweise entlüftet und so von ihren Blähungen befreit. Wie so etwas genau gemacht wird, entzieht sich meiner Kenntnis. Charlotte war danach auf jeden Fall so schwach, dass sie ein paar Tage zur Beobachtung bleiben musste.
Zwei Tage später waren wir alle auf der Hütte sehr traurig. Der Tierarzt hatte angerufen und uns mitgeteilt, dass Charlotte eine Stunde zuvor unter einem Jasminbaum in seinem Garten gestorben war. Der Traum

Hüttenwirt Charly Wehrle und die zwei Charlotten auf dem Weg zum Tierarzt.

vom Wollpullover vom eigenen Schaf war nun ausgeträumt. Charlotte wäre nämlich nach Saisonende zu Siggis Schafen nach Maselheim ins Oberschwäbische gekommen und so oft wie möglich geschoren worden.
Auf der Reintalangerhütte hat uns nun für den Rest der Saison etwas gefehlt. Wir hatten uns schon so an den vermehrten Putzaufwand gewöhnt, dass dieser zum normalen Tagesablauf gehörte.
Der auch sonst sehr ereignisreiche Sommer ging also ohne unser Schäflein zu Ende. Eine Zeit, an die ich immer wieder gerne zurückdenken werde.

RALF SCHICK (*5.11.67), Schreiner und Bauingenieur, gehört seit 1987 zu den »Reintalpeople«

Wo vor kurzem
noch Hüttengäste
schwitzend vor ihrem
Weizenbier saßen,
liegt kniehoch der
Hagel.

Apokalypse

Charly Wehrle

Hochsommer. Sonntagmittag 24. Juli 1988. Im Reintal brütet eine unerträgliche, schwüle Hitze. Ein paar Touristen kommen vom Schützensteig herunter und einzelne Mountainbiker hocken an der Partnach, sonnen sich oder kühlen ihre Beine im kristallklaren Bergwasser. Einige Gäste sitzen auf der Terrasse und lassen sich feinen Kaiserschmarrn schmecken. Hundstage. So nennt man die letzte Juli- und die erste Augustwoche. Immer wieder hatte es in den vergangenen Tagen Ansätze von Gewittern gegeben, doch wie von Zauberhand haben sich die dunklen Wolken in Nichts aufgelöst, die Luft war einfach zu trocken.

In den siebziger Jahren, als ich noch fast jedes Wochenende in schweren Wänden hing, hatte sich manches Unwetter über uns entladen, und auch im wilden Felskessel des Oberreintals hatte ich imposante Gewitter erlebt. Wie dort oben der Donner in den Wänden widerhallte und die Wasserfälle in den Oberreintalboden hinunterschossen, das war schon gewaltig. Ebenso erinnere ich mich an mächtige Wolkenbrüche am Amazonas, vor allem aber im tropischen Ceylon (Sri Lanka). Doch kein Unwetter wie das vom 24. Juli 1988 hat sich so in mein Gedächtnis eingegraben.

Von der Zugspitze her ziehen ein paar dunkle Wolken auf, nicht groß der Beachtung wert, die Sonne verschwindet und die Landschaft verwandelt sich in ein schattiges Dunkelgrün. Ein paar Regentropfen kündigen ein leichtes Gewitter an, ab und zu zuckt ein Blitz und ein leises Donnern schwingt übers Reintal. Kaum der Rede wert, niemand verzieht sich von der Terrasse. Ich koche weiter in der Küche.

Minuten später blinzeln schon wieder ein paar Sonnenstrahlen durch die Wolken, Schlüpfer Schorsch, der Schäfer von der Bockhütte, ist auch noch unterwegs. Claudia, die Bedienung, ruft: »Nochmal zwei Kaiserschmarrn!« Ich bin am Herd gut beschäftigt.

Gerade als ich die zweite volle Pfanne mit Kaiserschmarrn auf einen ovalen Porzellanteller rutschen lasse, wird es stockdunkel, nein, nicht in der Küche, da brennen ja zwei Leuchtstoffröhren, sondern draußen. »Claudia, sei so gut und bring den Kaiserschmarrn schnell raus«, geb ich ihr noch die Order, dann renne ich selbst auf die Terrasse. Urplötzlich hat sich eine mächtige, regelrecht schwarze Wand über dem Zugspitzplatt aufgebaut, besser gesagt tiefschwarz, und dann geht alles in Sekundenschnelle. Grelle Blitze zucken aus der schwarzen Hölle, postwendend kracht Donner um Donner, das Unwetter ist direkt über uns. Augenblicklich schießen Hagelschlossen aus der Wolkenmasse – mit einer Intensität, wie ich sie noch nie erlebt habe. Weder die Blumen am Terrassengeländer noch die Bierbänke und -tische unten an der Partnach können wir bergen, zu wild peitschen riesige Hagelkörner hernieder. Als brächen alle Schleusen, brausen gewaltige Wasserfälle über die mehr als 1000 Meter hohen Wände des Kleinen Wanner und des Hohen Kamms herunter. Auch vom Zugspitzplatt, aus dem Gamskar, dem Kirchkar und dem Vollkar, tosen gigantische Wassermassen ins Reintal und verwandeln die Partnach in ein dunkelbraunes Ungetüm. Ganze Geröllfelder, riesige Felsblöcke vermischen sich mit der Partnach in einen regelrechten Lavastrom, alles ist in Bewegung und erzeugt Töne, die ich niemals zuvor in meinem Leben gehört habe. Als ob ein Vulkan bersten oder ein Erdbeben eine Stadt verwüsten würde, wie ein Weltuntergang hört sich das an. Im Nu steht vor der Hütte ein riesiger See, weil das schmale Bachbett weiter unten die zerstörenden Wasser nicht mehr aufnehmen kann. Und da schwimmen auch schon die ganzen Biertische und -bänke weg, flussabwärts werden sie bis zur Unkenntlichkeit zerlegt. Wie lange wird dieser Spuk noch dauern? Schon liegt ein knapper Meter Hagel an den Seiten des Weges und immer noch dröhnt das Unwetter.

Sämtliche Bergsteiger, die irgendwo zwischen Knorrhütte und Reintalanger unterwegs sind, werden sich in die Büsche geschlagen oder sich unter einen halbwegs schützenden Baum geflüchtet haben. Und wir, die wir mit ernsten Mienen unter der Terrassentür im Trockenen stehen oder von der

Mit ungeheurer Kraft haben die tosenden Wassermassen die Landschaft um die Reintalangerhütte ummodelliert.

Gaststube durch die Fenster diese Apokalypse miterleben, wir sind ganz klein geworden ob der Mächtigkeit und Überlegenheit der Natur. Nach einer knappen Viertelstunde lässt das Unwetter nach, aber immer noch stürzen die Wasserfälle drüben in der Nordwand des Kleinen Wanner, ich wage gar nicht daran zu denken, wie der Weg durchs Reintal und wie es an der Wasserturbine oben aussehen wird. Als die Furie von einem Gewitter endlich nachlässt, stakse ich langsam wie ein Storch mit einer wasserdichten Jacke bekleidet barfuß hinaus auf die Terrasse und hinunter auf den Weg. Bis an die Knie im Hagel, kämpfe ich mich ein Stück den Pfad hinunter bis an den Punkt, wo das Vollkar auf die Partnach stößt. Da sieht es böse aus! Auf einer Breite von zwanzig Metern gibt es keinen Weg mehr, auch die Brücke aus Holzbalken ist verschwunden, statt dessen stößt ein canyonartiges Flussbett auf das der Partnach. An einer flachen Stelle versuchen fünf Mountainbiker ihre Räder über die Klippen zu hanteln, mit Müh und Not schaffen sie es, doch am reißenden Vollkarbach scheitern sie und müssen unverrichteter Dinge warten, bis dieser sich beruhigt. Die Zeit für die Abfahrt reicht noch allemal; es ist ja erst früher Nachmittag. Ich muss zurück, ohne Gummistiefel komme ich nicht weiter.

Später, als sich die schwarze Front längst verzogen hat, mache ich mich noch einmal auf den Weg in Richtung Blaue Gumpe, um das Ausmaß der Unwetterschäden zu begutachten. Aber da bleibt mir nur das Staunen. Dieses furchtbare Gewitter hatte sich lediglich lokal ausgetobt, talabwärts gibt es kaum Zerstörungen. Ein neuer, provisorischer Übergang am Vollkar muss wieder hergestellt werden, ja und die Turbine, die hat es einmal mehr gnadenlos mit Kies vollgespült. Vier Kubikmeter, verteilt in zwei enge, eiskalte Schächte. Wäre schön, wenn es dafür eine Spültüre gäbe, die aber war beim Bau der Schächte völlig vergessen worden. Vier starke Männer müssen abwechslungsweise mit zwei Plastikeimern und zwei Kehrschaufeln in gebückter Haltung in die Schächte und von Hand ausschaufeln. Für den kommenden Morgen das reinste Vergnügen!

Bis dahin hat sich die Partnach ganz sicherlich wieder beruhigt.

Absturz am Schützensteig

Charly Wehrle

Sonntagabend, 26. September 1993. Nur noch zwei Gäste sind da, ein Pärchen aus Stuttgart. Zufrieden sitzen sie vor einer Flasche Wein drüben im Gastraum. Sherpa Gyalzen, mein Freund aus Nepal, Anne aus Hamburg, Anke aus Berlin und ich sitzen in der Küche und essen gerade zu Abend. Entspannt und müde vom Wochenende. Die Sommerzeit ist letzte Nacht zu Ende gegangen. Halb acht zeigt die Uhr, als plötzlich ein verstörter, etwa 20-jähriger Mann die Küchentür öffnet, hereinkommt und in abgehackten Staccatos stammelt: »Mein Freund ist am Schützensteig 25 bis 50 Meter abgestürzt.« »Wo und wann?«, frage ich ihn erregt. Doch der junge Bergsteiger ist erst mal zu keinen weiteren Worten fähig, er steht unter Schock. Anne und Anke nehmen sich des Erschöpften an, zu Glück ist Anne angehende Medizinerin. Als er dann auf der Küchenbank liegt und einen warmen Tee bekommt, kann er wieder etwas klarere Gedanken fassen. So erfahre ich das Nötigste – Abkürzung am Schützensteig, in der fünften Rinne vom Reintalwasserfall talauswärts gesehen, beim Abklettern in unbekanntem Gelände ausgeglitten und abgestürzt, die Stelle seines liegengebliebenen Kameraden mit beiden Rucksäcken markiert, ebenso den Ort, an der die Rinne den Reintalweg kreuzt. – Ich wage den schmächtigen Burschen gar nicht zu fragen, ob sein Freund noch am Leben ist, aber bei 25 bis 50-Meter Absturzhöhe ...

Sogleich verständige ich Robby Maier, den Bereitschaftsleiter der Bergwacht Garmisch und schildere ihm den Unfall. Ich erkläre ihm, dass ich mich mit Gyalzen Sherpa und einem Gast schon auf den Weg mache. Robby seinerseits alarmiert einen starken Rettungstrupp, der dann später auf uns stoßen wird.

In Windeseile verteile ich auf unsere drei Rucksäcke Apotheke, Wolldecken, zwei Seile, Grammingersitz, Stirnlampen, Fackeln, warmen Tee und trockene Kleidung. Noch während wir die Rucksäcke schultern, stürmen wir hinaus in die kalte, fahle Mondnacht. Rasch sind wir am Wasserfall, dann schauen wir an jeder Rinne, an der wir ab jetzt vorbeikommen, angespannt nach den Rucksäcken.

Erst vor drei Wochen sind wir zu dritt am Schützensteig unterwegs gewesen und haben einen total erschöpften 35-Jährigen bei Regenwetter heruntergeholt. In sträflichem Leichtsinn ist eine von den Osterfeldern kommende 24-köpfige Gruppe erst gegen 14 Uhr in den Schützensteig eingestiegen. Der Schwächste der Gruppe war an der Mauerscharte schon müde geworden. Der Erschöpfte ist von seinem Führer nicht mehr zu motivieren gewesen. Einem Gummimännchen gleich, haben ihn die letzten der Gruppe hinterhergeschleift. Ein Glück, dass der Gruppenstärkste gleich vorausging und uns Bescheid sagte. Und jetzt bin ich wieder in nächtlicher Mission unterwegs, obwohl ich mich schon so auf einen gemütlichen Feierabend gefreut habe.

Endlich, an der Rinne vor der Blauen Gumpe liegt ein weißes T-Shirt. Flugs entzünden wir eine Markierungsfackel für die nachrückenden Retter. Weil mir das Gelände unbekannt ist, verbinde ich Gyalzen Sherpa und mich mit einem der beiden Seile. Unseren dritten Mann lassen wir zurück bei der Fackel. Mit Stirnlampen bewehrt stolpern wir erst einmal los durch ein raues Bachbett, hinauf zu einem markanten Abbruch, nach dem Abgestürzten Ausschau haltend. Am Sockel des Abbruchs werden wir nach links abgedrängt und erreichen über feuchte Platten, Erosionsrillen und Latschenbüsche erst weiter oben wieder die Rinne. Dann und wann blicke ich zurück, ob der Nachrücktrupp schon eingetroffen ist. Und tatsächlich sehe ich bald am Platz der Markierungsfackel die ersten Taschenlampen, wie überdimensionale Leuchtkäfer. In unregelmäßigen Abständen höre ich von weitem die gespenstischen Geräusche der Funkgeräte.

Da ich mit Gyalzen Sherpa am Seil steige und kein unnötiges Risiko eingehen will, kommen wir nur langsam voran. In kurzer Zeit hat uns die Hälfte der Nachrückenden eingeholt, allesamt sind sie seilfrei unterwegs und mit großen Lampen ausgerüstet, um das Gelände gut ausleuchten zu können. Die zweite Hälfte der nachkommenden Mannschaft hat sich auf den Weg zur Hütte gemacht, um dort organisatorische Aufgaben zu übernehmen, an Funkgerät und Telefon, oder aber um als eventuelle Auswechselkolonne bereit zu sein.

Nun zu acht suchen wir im Aufstieg die Felspassagen ab, da und dort von Latschenfeldern oder von nassen, heiklen Kletterstellen behindert. Am rechten Rand der Rinne ist es aussichtslos emporzukommen, ein Versuch kostet uns eine halbe Stunde.

Ein Blick auf die Uhr – schon 23 Uhr – und immer noch können die vorauskletternden Männer keinen Anhaltspunkt ausmachen. Ich rufe zu Franz und Karl hinauf, dass die Rucksäcke der beiden in der Nähe des Abgestürzten lägen.

Ich denke nach, über warum und wieso, über Schicksal und Tod. Dazwischen zwängt sich wieder Hoffnungsschimmer, dass vielleicht doch alles nicht so schlimm ist. Doch alles Rufen und Pfeifen verhallt in der Stille. Diese wird von den stählernen Stimmen aus dem Funkgerät und der Meldung zur Bergwachtzentrale durchschnitten: »Rucksäcke gefunden – vom Abgängigen keine Spur – steigen weiter«.

Kurze Zeit später entdecken Franz und Karl Stofffetzen und Blutspuren, der Abgestürzte selbst bleibt aber verschwunden. Mittlerweile sind auch wir anderen sechs nachgerückt und treffen mit den beiden anderen genau in dem Augenblick zusammen, als sie den Körper des Verunglückten in einer von unten nicht sichtbaren Spalte liegen sehen. Franz und Karl sind etwa 100 Meter zurückgestiegen, da ihnen eine Steilwand den Weiterweg versperrt hat. Leblos, als wenn er Schutz vor der Kälte der Nacht suchen wollte, liegt der Vermisste da. Dr. Ostertag, einer unserer acht Leute, hat nun die bittere Pflicht, ein paar Meter zu dem Verunglückten abzusteigen. Er kann nur noch seinen Tod feststellen. Eine traurige und harte Tatsache. Ziemlich bedrückt stehen wir herum und sehen ihm zu. Erst einmal bringen wir keinen Ton heraus. Doch dann müssen wir uns mit der Realität befassen.

Die Meldung zur Bergwachtzentrale nach Garmisch-Partenkirchen: »Abgestürzten gefunden – Ostertag hat Tod festgestellt – Wetterbericht ist gut – lassen den Verunglückten zurück – Bergung morgen früh mit dem Hubschrauber – melden uns wieder nach Festlegung unserer weiteren Marschroute – verstanden – Ende«.

Wir rasten zehn Minuten, trinken warmen Tee, essen etwas Obst und wechseln unsere nassgeschwitzte Wäsche. Dann kurzes Beratschlagen, weiterer Aufstieg oder zurück über die Rinne? Wir halten das Weitersteigen zum Schützensteig für gefahrloser und teilen dies der Bergwachtzentrale mit.

Da uns der für unseren jungen Bergsteiger so verhängnisvolle Abbruch den Weiterweg in der Rinne unmöglich macht, müssen wir nach links in die düsteren Latschenfelder ausweichen. Zwei heikle Passagen müssen wir gesichert hinter uns bringen, die schwächer werdenden Stirnlampen tun noch ein Übriges dazu. Wir sind im zwei Meter hohen, dichten und steilen Latschenwald gelandet. Ein Vorwärtskommen ist oft nur schwer möglich. In einem etwa eineinhalbstündigen Ganzkörpereinsatz schinden wir uns höher. Immer wieder auf den nassen, zum Teil gefrorenen Ästen abrutschend, versinken wir in endlosen, dunklen Latschen. Dann queren wir weiter, gewinnen einige Meter, bleiben hängen, zerren an den Zweigen. Karl voraus, dann ich mit Gyalzen am Seil und der Rest hinter uns. Dann Zwischenrufe, ob alle da sind – um 1.30 Uhr morgens erreichen wir erschöpft den Schützensteig unterhalb der Blassenspitze. Wir sind uns einig, dass diese Latschentortur etwas Einmaliges in unserem Bergsteigerleben darstellt. Rasch melden wir in der Bergwachtzentrale, dass wir den Schützensteig erreicht haben und nun zur Reintalangerhütte absteigen. Aber bevor wir unsere nächtliche Tour beenden, schütten wir erst noch unseren restlichen Tee in uns hinein, ausgetrocknet wie wir sind.

Der Mond hat sich längst schon hinter die Gatterlspitzen verzogen, als wir um 3 Uhr morgens die letzten Serpentinen des Schützensteiges hinter uns lassen und Minuten später die wohlige Geborgenheit der Reintalangerhütte und die restliche Bergwachtmannschaft erreichen. – Obwohl wir restlos müde sind, schreien unsere Körper erst noch nach Flüssigem und einer Brotzeit. Eine weitere Stunde verfließt dabei, das nächtliche Abenteuer muss erst noch einmal besprochen werden. Dann aber ist es Zeit, unser Nachtlager aufzusuchen. Um 7.30 Uhr morgens kommt der Hubschrauber.

Das Leben der Schafe im Wetterstein ist hart,
Wintereinbrüche mitten im Sommer sind nicht selten.

Schafe im Reintal

Charly Wehrle

Wer an die Zugspitze, an Deutschlands höchsten Gipfel denkt, der denkt in erster Linie an die phantastische Aussicht, die man bei klarem Wetter dort oben genießt, der denkt auch an den stillen Eibsee, aber auch an die sonnigen Grasmatten bei Ehrwald und an die markanten Westabstürze der Zugspitze bei Leermoos. Er denkt an das scharf eingeschnittene Höllental, an die kühnen Waxensteine und den luftigen Jubiläumsgrat. Er denkt an das winterliche Zugspitzplatt mit seinen Liften, ganz gewiss aber wird er das wildromantische Reintal mit seinen himmelstrebenden, düsteren Wänden, mit seinem Edelstein der Blauen Gumpe, mit seinem sprudelnden Partnachursprung und seinen zwei grünen Wiesen, dem Unter- und dem Oberanger nicht vergessen. Und noch während er bei einem Spaziergang über den Oberanger sinniert, tauchen in seiner Betrachtung weidende Schafe und das Läuten ihrer Glocken auf.

Als sich vor langer Zeit die ersten Menschen drüben im Leutaschtal und hier an der Nordseite des Wettersteins ansiedelten, stellten sie sich dieselbe Frage wie die Menschen anderswo auch: »Wie können wir hier überleben?« Also richteten die Siedler ihr Hauptaugenmerk auf natürliche Vorkommnisse wie Wasser, Wald und Weide. Bei ihren einfachen Behausungen und Gehöften legten sie Gärten an, trieben Viehzucht und zogen in die umliegenden Wälder, um Holzvorräte für manch kalten Winter zu schaffen. Aus dieser Zeit heraus entwickelten sich Weide- und Holzrechte, die bis heute ihre Gültigkeit haben. Dass es dabei immer wieder zu Streitigkeiten zwischen dem Tirolischen Leutaschtal und dem Werdenfelser Land um das Grenz-, Wald- und Weidegebiet des Reintales gegeben hat, ist uns seit Anfang des letzten Jahrtausends überliefert. Erst gegen Ende des 19. Jahrhunderts, als die letzte Leutascher Viehherde der Privatalm Witting von Mittenwald her über den Ferchensee und Ellmau ins Reintal

getrieben worden war, hat sich die eigene Weidenutzung im Reintal für die Partenkirchner Bauern abgezeichnet, und zwar durch den Verkauf des Weiderechts der Tiroler Privatalm an den Markt Partenkirchen.
1925 hat die Weidegenossenschaft Partenkirchen erstmals einen hauptamtlichen Hirten im Reintal eingesetzt. Anton Sieß war der Erste. Dann folgten Hans Klein, Sepp Rieger (Kroll), Luis Rieger (Kroll), Schorsch Karg (Schlüpfer), Hans-Jörg Rieger (Maunk) und Karl Wörndle. Bedingt durch meine langjährige Zeit als Hüttenpächter habe ich die letzten drei selbst erlebt und erlebe sie immer noch. Schorsch Karg lernte ich zuerst im Oberreintal und dann später im Reintal kennen. Ohne groß zu übertreiben, kann ich sagen, dass ich zu allen Dreien ein sehr gutes Verhältnis hatte und habe. Jeder von ihnen hat einen ganz eigenen Charakter: naturverbunden, eigen, tiefsinnig, individualistisch, verbindlich und einen guten Instinkt besitzend. Alle diese Hirten beherrschen es, einen unverwechselbaren Ruf zu erzeugen, um die weit versprengten Schafe anzulocken.
Immer wieder kam es vor, dass ein Schaf lahmte, in der Partnach ertrank oder über eine Wand abstürzte. Wenn durch Wetterunbilden Schafe in Not gerieten, haben wir oft geholfen, verlorene Schafe wiederzufinden. Ich erinnere mich noch gut an den September 1995, als es schon seit Ende August ununterbrochen bis auf 900 Meter hinunter geschneit hat. Ein Blick in die Chronik zeigt, dass solche Wetterkapriolen, solche frühen Wintereinbrüche immer wieder vorgekommen sind. Auch Sepp Rieger (Kroll) hat mir von einem mächtigen Wettersturz in den fünfziger Jahren erzählt, bei dem zahlreiche Schafe zugrunde gingen. Damals im September 1995 war Hans-Jörg Rieger (Maunk) Hirte. Tatsächlich hat er es geschafft, einen Polizeihubschrauber zu organisieren, um die in den Hochregionen vom Winter überraschten Schafe in Sicherheit zu bringen. Oben am Jubiläumsgrat, am Hochblassen, im Kirchkar, im Vollkar und im Gamskar. Schafe steigen und klettern im Laufe des Sommers überall dahin, wo es auch nur einen Flecken fettes Gras gibt und wo sie durch ihre Ausdauer und Geschicklichkeit hinkommen.

Rückzugsmöglichkeiten für die Schafe in exponierter Lage gab es nach diesem Wintereinbruch keine mehr. Ungefähr 800 Schafe mussten von den Schafsbesitzern (Schaferer) vom Zugspitzplatt her ins Tal getrieben werden, um größere Verluste zu verhindern. Um den 4. September tauchte plötzlich ein Hubschrauber des Typs »Bo« der Polizeistaffel München auf und begann vom Unteranger aus – der Wiese hinter der Reintalangerhütte – mit der Rettung der Schafe. Ich stellte vier Transportsäcke zur Verfügung, dann ging es los. Zuerst mussten einige Schafbesitzer an den exponierten Stellen abgesetzt werden, was wegen gefährlicher Windböen mit erheblichen Schwierigkeiten verbunden war. Aber auch das Einpacken der hilflosen Schafe bei eisigem Wind war beileibe nicht einfach. Transportsack aufhalten, vier Schafe im Absturzgelände jeweils in den Sack heben und zugleich die vom Rotorenlärm erschreckten übrigen Schafe im Zaum halten – das erforderte höchste Konzentration. Bei manchen Schafen allerdings kam jede Hilfe zu spät, sie waren schon den Erschöpfungstod gestorben. Ihnen wurde lediglich das Ohr mit der Erkennungsmarke abgeschnitten und in den Hubschraubersack geworfen, um später die Besitzer der toten Schafe ausfindig zu machen.

Unten am Anger nahm Schäfer Hans-Jörg die Hubschraubersäcke mit den eingepferchten Schafen in Empfang, klickte die Karabiner aus dem Windenseil aus und entließ seine Tiere wieder in die Freiheit. Einige Schafe erlitten allerdings während des Transports den Herztod oder ihr Überleben konnte nur noch durch Wiederbelebungsversuche wie Herzdruckmassage sichergestellt werden. Später saßen die Schaferer schweißdurchnässt und dampfend in ihren Schafwoll-Jankern und warmen Bundhosen in der Hütte und begossen diesen extremen Schafabtrieb. Er bleibt insofern unvergessen, weil es die erste Schafrettung durch Hubschrauber im Reintal war.

Normale Schafabtriebe verlaufen wesentlich ruhiger, abgesehen von den feucht-fröhlichen Nächten im Winterraum der Reintalangerhütte und auf der Bockhütte. Meist fahren die Schaferer mit der Zugspitzbahn am

Anfang der zweiten Septemberwoche zur Gipfelstation, um von dort zu Fuß in einem riesigen Halbkreis verteilt die Schafe am Zugspitzplatt durch Lockrufe und mit salziger Kleie als Lockmittel zusammenzutreiben. Bei schönem Frühherbstwetter ist es ein malerisches Bild, wenn die weißen Schafe immer mehr zu einer großen Herde werdend zuletzt an der Partnach entlang das Reintal hinaus und dann noch ein paar Tage auf den Stuibenhang hinaufgetrieben werden. Gleichzeitig ist der Schafabtrieb aber auch ein untrügliches Zeichen von Abschied und vom nahenden Ende der Hüttensaison. In der Bockhütte wird gefeiert und am Schafmontag, wenn die Schafe endgültig zurück nach Partenkirchen zum alten Wank-Bahnhof getrieben werden, gibt es ein weiteres Fest und einen fröhlichen Tag, wenn die Partenkirchner Bauern ihre Tiere vollzählig und gesund zurückbekommen haben.

Ein Stück Himalaya im Wetterstein

Anke Schulze

Bunte Tücher über der Partnach wehen dem Wanderer entgegen, wenn die letzte Kurve vor der Reintalangerhütte geschafft ist. Dort wurden weder die Handtücher der Hütte zum Trocknen aufgehängt noch ist es Kindswäsch. Sherpa Gyalzen, Charlys nepalesischer Freund aus dem Everest-Gebiet, bringt jedes Jahr neue Gebetsfahnen ins Reintal – und damit auch ein kleines Stück seiner asiatischen Heimat.

Gleich zu Beginn der Hüttensaison wird die neue Schnur mit den Gebetsfahnen über der Partnach aufgespannt. Und die bunten Wimpel, bedruckt mit buddhistischen Gebeten, tragen diese Gebete für alle vorbeikommenden Wanderer und Mountainbiker in den Himmel. Fünf Farben haben diese Fahnen, und alle sind ein Symbol für einen Teil des Lebens und der Erde: Blau ist der Äther, Rot steht für das Feuer, Gelb für die Erde, Weiß symbolisiert das Wasser und Grün die Luft.

Charly und Sherpa Gyalzen verbindet eine lange Freundschaft, die sich aus einem kurzen Treffen der beiden 1993 in Namche Bazar, Gyalzens Heimatdorf, entwickelte. Seitdem besucht Gyalzen jeden Sommer die Reintalangerhütte. Im Gegenzug ist Charly in Gyalzens Heimat unterwegs. Höhepunkt dieser Freundschaft war 1998 das Musiktrekking der Reintalanger-Crew nach Namche Bazar zu Gyalzens 60. Geburtstag.

Und noch etwas erinnert an den Himalaya – auch wenn es hierzulande nicht unbekannt ist, denn Steinmandl gab es in den Bergen schon lange, sie dienen oft als Wegmarkierung – kleine Männchen aus einigen Steinen. Mittlerweile stehen nicht nur gegenüber der Hütte, auf der anderen Seite des Flusses, Steinhaufen verschiedener Größe. Macht man sich auf den Weg zum Oberanger, stehen dort in den Geröllfeldern mehrere Steinmänner, nicht nur vereinzelt, sondern gleich vier auf einem Fleck. Jeder, der vorbeikommt, kann dort einen Stein hinzufügen, vielleicht verbunden

Gebetsfahnen, Gebetsmühlen und ein Meer von Steinmännern
verleihen dem Reintalanger einen Hauch von Himalaya.

mit dem Wunsch, einen schönen Tag im Gebirge zu verleben. Bei einem dieser Steinmänner ist ringsherum ein kleiner Pfad ausgetreten, so als würden die Wanderer, wie in Nepal auch, immer nur im Uhrzeigersinn um den Steinhaufen herumlaufen.
Natürlich wäre es zuviel, interpretierte man in all diese Steinmandl einen tieferen Sinn. Aber es ist einfach auch ein schönes Bild, wenn man auf der Terrasse der Hütte sitzt und auf der anderen Flussseite die Gäste sieht, ob es nun Kinder oder Erwachsene sind, die versuchen, einen besonders schönen Steinmann zu bauen.

ANKE SCHULZE (*31.3.1973), Japanologie- und Germanistikstudium, freie Journalistin, Bergsteigerin, seit 1992 zum Reintalkreis gehörend

Gefangen im Eis

Charly Wehrle

Montagmorgen im Reintal. Ein hartes Wochenende mit etwa 120 Übernachtungen liegt hinter uns. Am Wochenende davor waren es gar 180 Gäste, die in der Reintalangerhütte nebst Winterraum und Gaststube Platz fanden. Neuer Rekord in der Geschichte der Reintalangerhütte.

Ganz schön abgespannt und müde bin ich. Dennoch – ich muss heute Morgen ins Tal, ein paar wichtige Dinge wie Butter, Wiener und Salat sind ausgegangen. Montag ist mein Erledigungstag im Tal. Ich schlüpfe in meinen Motorradoverall, ziehe noch einen Anorak drüber (im September wird's im Reintal schon wieder empfindlich kalt) und stülpe mir meinen Helm Marke Römer Kletterhelm, rot, Baujahr 1982, über. Sieht verwegen aus, dann noch die Motorradbrille aus Glas, ein wenig Eitelkeit muss sein, auch fernab der Zivilisation. – Spätestens um 13 Uhr muss ich zurück sein. Eine große Gruppe Soldaten der Luftwaffe kommt. Zudem herrscht bestes Herbstwetter. Da wird es noch einige andere Bergsteiger ins Reintal ziehen. Außerdem beginnt heute eine neue Mitarbeiterin. Normalerweise lasse ich mir am Bürotag schon ein wenig mehr Zeit, denn es ist ja eigentlich mein freier Tag: Bankgeschäfte erledigen, Lebensmittel einkaufen, Zeitung lesen in der »Kaffeelaube«, bei Gräfe und Unzer in der Buchhandlung stöbern, Post holen in Ohlstadt. Und manchmal finde ich noch Zeit für ein paar Schwimmzüge im Kainzenbad. Dann Rückkehr an den Umschlagplatz, Rucksack packen und schwer beladen wieder mit meiner 250er Yamaha zur Hütte. Meist ist es zwischen 18 und 20 Uhr.

Beim Zeitung lesen in der »Kaffeelaube« fällt mein Blick fast zufällig auf das Datum – 13. September 1999. Unwillkürlich denke ich an einen Börsenkrach oder an ein Terrorkommando – unglaublich zwei Jahre vor dem 11. September 2001 – rasch blättere ich weiter zum Sportteil, studiere die Bundesligatabelle, lese im Feuilleton der SZ, dann zahle ich meinen

Milchkaffee und Zwetschgendatschi. War ein kurzes Vergnügen heute. Garmisch-Partenkirchen strotzt immer noch vor Touristen, obwohl heute in Bayern die Sommerferien zu Ende gehen. Kein Wunder – den Himmel über dem Wetterstein trübt kein Wölkchen – Altweibersommer.
Tatsächlich schaffe ich es, pünktlich zu sein. Meine 250er rattert durchs Reintal. Die Blaue Gumpe ist bereits wieder ohne Wasser, statt ihrem blaugrauen Glanz ist nur hellbrauner Lehmboden zu sehen. Weiter hinten, als ich den Wald verlasse, erscheint »Klein-Alaska« mit seinem weit verzweigten Partnachflussbett, eine phantastische Landschaft am Fuße des Hochwanners, die tatsächlich an den tiefen Norden Amerikas erinnert. Nur kurze Blicke kann ich der Gegend widmen, hier heißt es mächtig aufpassen. Zur Vollkarkurve zieht eine fürs Motorrad äußerst steile und heikle Strecke hinauf. Voll bepackt ein regelrechter Zweikampf auf diesem Weg. Gas weg, Gas hin, bremsen, schalten, kuppeln, ausweichen. Ganz schön hart, aber ein paar Minuten später, im Hinterhof der Hütte, ist das alles vergessen. Sherpa Gyalzen kommt zur Türe hinaus und hilft abladen. Das ist Geborgenheit pur.
Die Soldaten sind bereits da. Die ganze Terrasse ist besetzt, auch einige Zivilisten sitzen dabei. Eine Gruppe der Luftwaffenschüler ist unterwegs zum Partnachursprung. Zehn Minuten sind vielleicht vergangen, seit ich wieder in der Küche bin. Plötzlich stürmen junge Männer in dunklen Bundeswehrtrainingsanzügen herein: »Wir brauchen unbedingt Werkzeug, zwei Kameraden von uns sind am Partnachursprung verschüttet.« »Was? Wie?« »Ja, die Eiskapelle über dem Ursprung ist zusammengestürzt und hat zwei Leute begraben.« Schnell renne ich zum Schuppen und verteile Spitzschaufeln, Pickel und Kreuzäxte, dann eile ich zum Telefon und rufe die Bergwachtbereitschaft Garmisch-Partenkirchen, zu der ich selbst seit 26 Jahren gehöre: »Ja, hier ist Charly von der Reintalangerhütte. Wir brauchen sofort einen Hubschrauber und Vakuumbetten. Zwei Leute sind durch Eiskapelleneinsturz am Partnachursprung verschüttet.« »Ich schau', dass ich das so schnell wie möglich organisiere, Charly«, antwortet mir Toni Grüner, Chef der Bergwachtzentrale Garmisch-Partenkirchen.

13.20 Uhr. Den immer bereitstehenden Bergrettungsrucksack im Schrank vor Lager 2 werfe ich mir einfach auf den Rücken, ein trockenes T-Shirt schnappe ich mir noch, dann renne ich auch schon zum Motorrad. Eine kurze höllische Fahrt über die Buckelwiesen des Unteren Anger bringt mich zur Wasserturbine an der Partnach. Weiter kann ich nicht fahren. Eine Aluleiter führt auf die andere Flussseite. Von dort zieht ein längerer Rücken hinauf zum Partnachursprung. Jogging in 1400 Meter Seehöhe, mir treibt es das Wasser aus allen Poren, als ich den Unglücksort erreiche, bin ich klitschnass. 13.30 Uhr.

Gellende Schreie: »Einer ist noch drinnen!« Ohne wahrzunehmen, dass da am Weg schon ein Schwerverletzter liegt, renne ich die kurze Serpentine zum Ursprung hinunter. Da sehe ich auch schon das Unglück: Etwa 600 Kubikmeter Eis, das heißt gut die Hälfte des ausgehöhlten riesigen Schneefeldes, Eisdom oder Eiskapelle genannt, sind in unmittelbarer Nähe des Ursprungs zusammengestürzt und liegen wild durcheinander in ich weiß nicht wie vielen verschiedenen Eisblöcken am Boden. Noch am Samstag waren einige Gäste in dem Eistunnel herumgestiegen, der von einem etwa 20 bis 30 Meter hohen, immer währenden dünnen Wasserfall nach und nach ausgehöhlt wird. Zerrissene Verbandspäckchen liegen auf den Eisbrocken. Blutspuren sind zu sehen. »Aha, hier haben sie den Ersten ausgegraben«, denke ich mir. »Da ungefähr muss Björn Grösbrink liegen. Wir trauen uns nicht mit den Pickeln«, schreit einer der verzweifelten Soldaten. Dann ein Stöhnen, das mir durch Mark und Bein geht. Mit dem Mut der Verzweiflung nehme ich eine der Kreuzäxte, die ich eigens zum Beseitigen der Frühjahrslawinen im Reintal besorgt hatte, und beginne mit gezielten Hieben, zwei bis drei Meter große Eisklötze zu zerschlagen und zu zerspalten. Unwahrscheinlich, welche Kraft ich dabei entwickle. Wieder ein Hieb, die Eistrümmer fliegen nur so. Und wieder dieses Wehklagen. Ich weiß nicht, wie lange meine Aktion dauert, vielleicht zwei Minuten, vielleicht drei.

Plötzlich erscheint dunkel gefärbte Haut, der Rücken des Verunglückten. Die Wucht des Herabstürzens hatte dem Soldaten sämtliche Kleider bis

auf die Unterhose vom Leib gerissen. Während nun das Stöhnen zunimmt und die herumstehenden Kameraden beginnen, ihren Freund lautstark mit optimistischen Worten wie »Björn, das packst du schon. Sei stark. Wir haben dich gleich. Es wird wieder alles gut.« aufzumuntern, kann ich den blutunterlaufenen Rücken und den auf eine Felskante aufgeschlagenen blutenden Kopf völlig vom Eis befreien. 13.35-Uhr.
Angesichts der enormen Eismassen hatte Björn riesiges Glück, eigentlich hätte er tot sein müssen. Noch während ich atemlos überlege, wie wir den Schwerverletzten retten können, komme ich zu dem Entschluss, dass ich es nicht riskieren will, den jungen Mann aus seinem weißen Gefängnis zu heben. Wer weiß, wie viele Wirbelfrakturen er hat. Und da, ganz plötzlich, ein eisiger Schrecken fährt uns allen durch die Glieder, steht der Björn in seinem Schock selbst auf, als wäre er Lazarus. Aber schon packen ihn seine Kameraden und tragen ihn erst die Serpentine hinauf und dann ein Stück hinüber, wo der Weg zum Ursprung etwas breiter ist. Das war knapp, äußerst knapp. Lange hätte Björn nicht mehr unter den Eisblöcken überlebt. An seinem Zähneklappern wird nicht nur ein starker Schock deutlich, sondern auch eine gewaltige Unterkühlung, ganz abgesehen von seinem an der Stirnseite aufgeschlagenen, blutüberströmten Kopf, der übel aussieht.
Von der Hütte sind inzwischen Wolldecken und Rettungstragen heraufgebracht worden. Notdürftig versorgen die Luftwaffensoldaten ihre zwei Freunde. 14.45 Uhr.
Luftwaffensoldaten werden übrigens besonders gut auf dem Gebiet der Ersten Hilfe geschult. Handys sind in Aktion und die kalten Geräusche der Funkgeräte durchbrechen zeitweise gespenstisch die Szene. Von fern ist das Rattern eines Hubschraubers zu hören. Gleich wird er hier sein. Es sind sogar zwei, die endlich am Ursprung auftauchen. Eine Bell UH1D von der Luftwaffe in Penzing und eine Bo des ADAC. Unter höllischem Rotorenlärm und -wind steigen zwei Ärzte und andere Helfer der Bergwacht und des ADAC aus. Björn Grösbrink wird als erstes mit einem schmerzstillenden Mittel versorgt, dann erst ist Dirk Hustad, der zuerst

geborgene Soldat, dran. Gleichzeitig werden zwei Vakuumbetten aufgeblasen. 14.50 Uhr.
Verletzte müssen an Ort und Stelle weitestgehend so versorgt werden, dass keine unmittelbare Lebensgefahr mehr besteht, dann erst dürfen sie ins Krankenhaus abtransportiert werden, das verlangt das Deutsche Recht für Rettungswesen.
Karl Eitzenberger jun., Leiter der hiesigen Bergwachtbereitschaft, hat das Kommando übernommen. Mit einem lauten »Hebt an« werden die zwei Schwerletzten auf die Luftkissen gehoben. Gleichzeitig saugt einer der Helfer schon die Luft ab, ein Verrutschen der Rückenverletzten ist somit ausgeschlossen. Es dauert noch ein paar Minuten, dann sind die Verschütteten im Rettungssack. Während die Rotoren langsam das Heulen der Hubschrauberturbinen übertönen, klicken die Karabiner lautlos in die Gurte der Rettungssäcke. 15.05 Uhr.
Zwei orangefarbene Kleckse über der eingebrochenen Eiskapelle. In ein paar Minuten sind Björn und Dirk im Klinikum von Garmisch-Partenkirchen.
Dann kehrt Stille ein, und Nachdenken über das eben Geschehene. Zuerst werden solche markanten Erlebnisse, bei denen es um Leben und Tod geht, verdrängt. Erst später setzt das Verarbeiten solcher Geschehnisse ein. Mir gelingt das am besten während einer Klettertour, bei der ich völlig abgelenkt bin.
Drüben am Ursprung liegen immer noch die Hüllen der Verbandspäckchen und die gespaltenen Eisblöcke. Am Jubiläumsgrat oben hatten die Hubschrauber die Rettung von Erschöpften abgebrochen, um hier zum Einsatz zu kommen. Jetzt können sie dort weitermachen. Am 13.-September, einem herrlichen Spätsommertag.
Stabsfeldwebel Herbert Haßler, der verantwortliche »Spieß« der Luftwaffentruppe, ist nicht wenig erleichtert, als er hört, dass seine beiden Soldaten nun im Krankenhaus, also am Leben sind. Bei Björn werden ein Schädelbasisbruch und drei Wirbelfrakturen festgestellt. Und bei Dirk haben die Eisbrocken das linke Bein zertrümmert.

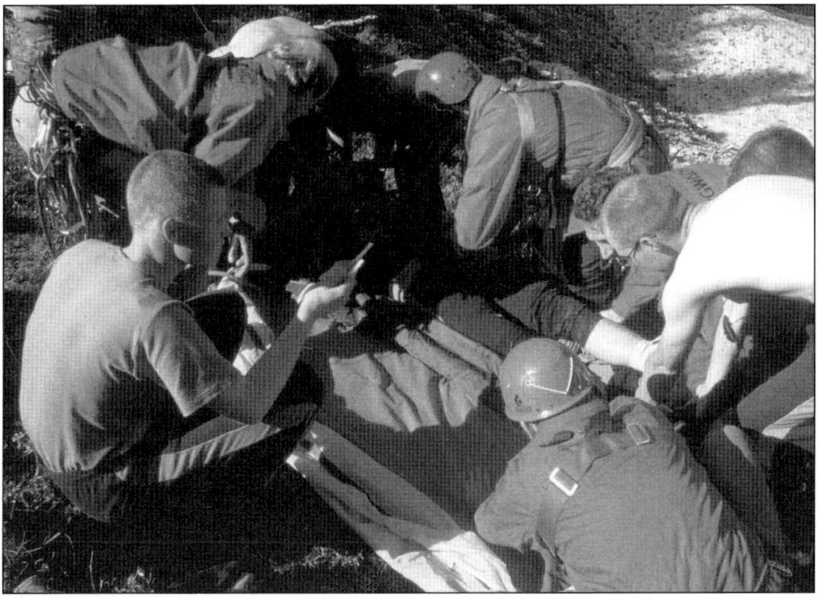

Viele helfende Hände bemühen sich fieberhaft um die Geretteten.

Der Hüttenalltag muss weitergehen. Die Terrasse ist brechend voll, die Gäste sonnen sich in den letzten Sonnenstrahlen. Knapp 100 wollen heute übernachten. Gott sei Dank, Barbara, die neue Mitarbeiterin ist pünktlich gekommen, ohne sie wäre es doch ein wenig hektisch geworden.

Augsburg, 31. Mai 2000, ein Dreivierteljahr später. Irgendjemand hat mich für die Bayerische Rettungsmedaille vorgeschlagen. Ich bin neben 105 anderen Lebensrettern eingeladen, im Goldenen Saal des Augsburger Rathauses. Ministerpräsident Edmund Stoiber überreicht mir dir Medaille mit den Worten: »Drahtig sieht er aus.« Unter den Klängen der Bayerischen und der Nationalhymne habe ich dann doch noch ganz feuchte Augen bekommen. Dennoch sah ich diese Auszeichnung nicht als alleiniges Verdienst und nahm sie nur in Vertretung für andere an. Ich war eben zur rechten Zeit da und habe getan, was zu tun war. Jeder andere meiner Bergwachtkameraden war auch schon als Retter in ähnlichen Situationen unterwegs.

Zugspitzhalbmarathon 2000

Wolfgang Krause

Als wir am Personaltisch in der Reintalangerhütte genüsslich unser Bier tranken, lagen im wahrsten Sinne des Wortes bewegte Stunden hinter uns. Wir – das sind Reiner Schwotzer, mein Sohn André und ich. Es war im Juli, als André durch den Hüttenwirt Charly Wehrle von einem Berglauf zur Zugspitze hörte, der im Herbst zum ersten Mal ausgetragen werden sollte. Einige Wochen später erhielt ich Post aus Garmisch-Partenkirchen, Ausschreibungen, die an Lauffreunde aus Leipzig verteilt werden sollten: »1. Top of Germany Challenge-Zugspitz-Halbmarathon Garmisch-Partenkirchen, 30. September 2000« war als Überschrift zu lesen. Start: im Olympia-Skistadion Garmisch-Partenkirchen, 708 m ü.M. Ziel: Nähe Restaurant Sonnalpin, Zugspitzplatt 2600 m. Charakteristik: Berglauf in hochalpines Gelände. Streckenverlauf: Skistadion, Hornschlittenhütte, Partnachalm, Laubhütte, Bockhütte, Reintalangerhütte, Knorrhütte, Sonnalpin, ca. 21 km, Höhendifferenz 1900 m. Teilnahmeberechtigt: Jedermann (Frau), ab 18 Jahre.
Gemeinsam mit André wollte ich diese Herausforderung annehmen. Wie aber stand es mit meinem Sportfreund Reiner? Laufbegeistert oder laufverrückt, wie er nun mal ist, sagte er zu. Am Freitag, dem 29. September reisten wir nach Garmisch-Partenkirchen. Nach dem Abholen der Startunterlagen fuhren wir hinüber nach Grainau (Parkplatz Christelhütte). Hier, in vertrauter Umgebung, richteten wir uns für die Nacht ein. André schlief im Zelt, Reiner auf der Luftmatratze hinter einem Holzstapel und ich im Auto.
30. September. Zeitiges Aufstehen, Waschen im eiskalten Gebirgsfluss, hastiges Frühstück, Sachen zusammenpacken und nach Garmisch rüberfahren. Parkplatz suchen, Laufsachen anziehen, mehrmals nervös aufs Klo rennen, sich mit einem Fragezeichen im Kopf an die Startlinie stellen und

sich wieder und wieder dieselbe Frage stellen: »Habe ich die richtige Laufkleidung gewählt?« Endlich fällt der Startschuss. Die »wilde Meute« (ca. 420 Starter) setzt sich in Bewegung. Fragen und Zweifel der vergangenen Stunden verschwinden schlagartig. Von jetzt an ist sowieso nichts mehr zu ändern oder zu korrigieren. Die Parole lautet: Durchbeißen und oben ankommen.

Irgendwie scheine ich nicht die richtige Form zu haben, es geht schwer. Oder liegt es nur an der vierundzwanzigprozentigen Steigung hinauf zur Partnachalm? Auf einer kurzen Gefällstrecke schöpfe ich neuen Mut. Es läuft etwas besser. Ab dem Umschlagplatz – hier endet die Forststraße – wird die Landschaft grandios. Steile Felswände zur Rechten und Linken und die rauschende Partnach als Geräuschkulisse sind Balsam für Augen und Ohren. Den steinigen Weg, der unaufhaltsam bergan führt, kann man allerdings nicht als »Balsam« für die Beine bezeichnen. André ist längst meinen Blicken entschwunden. Reiner vermute ich kurz hinter mir.

Am zweiten Verpflegungspunkt (Reintalangerhütte) haben sich Charly und sein Team etwas einfallen lassen. Schon von Weitem kann ich auf einem neben dem Weg aufgespannten Laken lesen: »André, Wolfgang, Reiner! Auf geht's!« Hundert Meter weiter, am Geländer einer kleinen Brücke, ein weiteres Transparent mit der schelmischen Aufschrift: »Nur noch 1230 Höhenmeter. Go!«

Jeder, der schon einmal einen Hang hinaufgerannt ist, weiß, was es bedeutet, einen Höhenunterschied von zehn, zwanzig oder einhundert Metern zu überwinden. Und hier schmiert man uns aufs Butterbrot, es seien »nur« noch 1230 Höhenmeter. Ein derber Scherz! Aber von nun an wird die Sache ernst. An Laufen ist aber nicht mehr zu denken. Im Gänsemarsch stolpert die Läuferschar bergauf. Endlich ist die Knorrhütte erreicht. Zwei oder drei Wasserhähne an der Außenmauer bieten letzte Gelegenheit zum Trinken. Das Gelände ist vegetationslos hochalpin. Mir fehlt jeder Blick dafür. Völlig ausgelaugt stolpere und taumle ich, aber ans Aufgeben denke ich nicht. Wohl aber stelle ich mir die Frage, wie ich ins Ziel kommen soll.

Ein paar hastige
Bissen und schnelle
Schlucke – Stärkung
an der Zwischenstation
der Reintalangerhütte.

Durch Zufall komme ich mit einem Läufer ins Gespräch, der ebenfalls aus dem Raum Leipzig stammt. Er trägt ein Rennsteiglauf-Hemd und schimpft, dass er sich so etwas nicht noch einmal antut. Ganz Unrecht hat er nicht. Eine Läuferin, wenige Schritte vor mir, dreht sich um, schaut mich an und sagt: »Tierisch!« Ich nicke mit dem Kopf, zum Sprechen fehlt mir die Kraft. Dann sehe ich, wie Reiner zu mir aufschließt. Ein kurzes Stück gehen wir gemeinsam. Im Ziel hat er mir dann ca. 5 Minuten abgenommen – Respekt!

André ist ein tolles Rennen gelaufen. Mit einer Laufzeit von 2:52 ist er einfach super unterwegs gewesen. Reiner und auch ich haben es noch unter 4 Stunden geschafft, wir können zufrieden sein.

Aus den vielen Gepäckstücken der Läufer, die mit der Zahnradbahn zum Sonn Alpin hinauf transportiert wurden, suchen wir unsere Rucksäcke heraus und ziehen uns um. Ausgerüstet mit Bergstiefeln, warmen Jacken und Trekkingstöcken beginnt auf wackligen Beinen der 2fi-stündige Abstieg zur Reintalangerhütte. Hüttenwirt Charly empfängt uns mit einem Begrüßungsschnaps. Unser Matratzenlager befindet sich im privaten Bereich der Hütte, der dann und wann Charlys »Ehrengästen« zur Verfügung steht. Eine heiße Dusche und, wie anfangs schon erwähnt, ein kühles Bier, wecken so nach und nach die Lebensgeister wieder. Da sitzen wir, Rainer und ich, nun in der hintersten Ecke der Hüttenküche am Personaltisch und beobachten das hektische Treiben um uns herum. Die Hütte ist mit etwa 125 Personen voll belegt. In einem Nebenraum steht André und zapft Bier.

Das junge Hüttenteam, zu dem auch Andrés norwegische Freundin Kristine gehört, hat alle Hände voll zu tun. Charlys nepalesischer Freund Gyalzen aus Namche Bazar (das liegt im Everest-Gebiet) steht am Herd. Verschanzt hinter riesigen Töpfen und Pfannen, bereitet er das Abendessen vor, während die übrige Mann(Frau)schaft serviert, abräumt, kassiert, Geschirr spült, Fragen beantwortet, Zimmer zuweist, Neuankömmlingen die Toiletten zeigt, Postkarten verkauft, telefoniert und so weiter und so fort. Charly ist an allen Brennpunkten gleichzeitig. Souverän schmeißt

er den Laden, findet nebenher sogar noch Zeit, mit seinem Neffen eine Partie Schach zu spielen. Um 22 Uhr ist der Spuk vorbei. Nachtruhe.
Nächster Tag: Ich bin mir mit Reiner einig, dass wir Charlys Gastfreundschaft nicht einfach so annehmen können. Ein wenig nützlich machen wollen wir uns schon. So helfen wir beim Säubern der Gaststube, spülen Geschirr, räumen Tische und Stühle im Außenbereich der Hütte in einen Schuppen und kehren die Terrasse. Als Arbeit betrachten wir das nicht. Ein Spaziergang zum Oberanger und Partnachursprung, ein Stück den Schützensteig hinauf und ein Bier vor der Hütte runden das Tagesgeschehen ab.
Zum Ausklang des Tages gibt's im voll besetzten Gastraum eine halbe Stunde lang Hüttenmusik. Charly spielt Hackbrett und wird von Bass und Gitarre begleitet. Und Gyalzen, den wohl jeder hier lieb gewonnen hat, singt ein nepalesisches Volkslied. Schweigend, mit friedvoll ernsten Gesichtern sitzt das Publikum fast regungslos auf den Stühlen. Niemand wagt zu sprechen. Dann begeisterter Beifall und Bravorufe. Für mich ist es das Schönste, was ich je gehört habe.
Als wir uns schlafen legen, regnet es in Strömen und auch am nächsten Morgen gießt es noch. Reiner und ich frühstücken ein letztes Mal mit dem Hüttenteam, dann heißt es Abschied nehmen.
Während unseres Marsches zurück zum Auto sind meine Gedanken noch lange bei der Hütte hinten im Talkessel und beim kräftezehrenden Lauf, der zum Schwersten zählt, was ich je durchgemacht habe.

Wolfgang Krause (*15.7.51), Maschinenschlosser und Marathonläufer aus Leipzig, leidenschaftlicher Bergsteiger und Weltenbummler

Cord und Zylinder statt Goretex und Schildmütze. André Krause auf dem Weg zum Reintalanger.

Als Zimmermann-Wandergeselle im Reintal

André Krause

Ich war als Zimmermann auf Wanderschaft, mit der schweren Cordhose, dem großen Schlag in der Hose, dem Reisebündel über der Schulter und dem gewundenen Wanderstab in der Rechten. Meine ersten drei Monate auf der Landstraße waren vorbei und ich hatte mich gerade von meinen Reisegefährten getrennt, um auf eigenen Beinen Erfahrungen zu sammeln.

So kam ich nach Garmisch-Partenkirchen und da stand ich nun, Anfang Mai, ohne die geringste Idee, wo ich die nächste Nacht verbringen würde, und mit einer Geldbörse, die das, was sie zu tragen pflegt, schon lange vermisste. Bis zum Abend hatte ich noch Zeit und nutzte diese, um mir die Ortschaft anzuschauen. Als ich bei der Touristeninformation vorbeikam, erkundigte ich mich nach den saisonalen Öffnungszeiten der Berghütten und die eindeutige Antwort darauf war, sie seien alle noch geschlossen. Schade, dachte ich mir, denn der Besuch auf einer Hütte wäre sicher ein schönes Erlebnis. Ganz auf einen Spaziergang verzichten wollte ich aber doch nicht und ich machte mich auf, um durch die Klamm zur Partnachalm und von dort zurück nach Garmisch zu kommen.

Es war gegen vier Uhr, als mir auf der Forststraße kurz nach der Klamm ein Wanderer begegnete, mit dem ich eine kurze Unterhaltung hatte. Er versicherte mir, dass die Reintalangerhütte geöffnet hätte. Er selbst komme von dort und man könne dort ohne weiteres Unterkommen finden. Jahre zuvor war ich mit meinem Vater einmal dagewesen und jetzt führte mich mein Weg wieder dahin.

Dass es sich dabei um einen vierstündigen Fußmarsch handelte, hatte ich vergessen. Ich ging mit dem Gefühl los, als reisender Handwerker Neuland zu entdecken. Ich war zufrieden und freute mich auf die Hütte und die Landschaft, die mich am Ende des Reintales erwartete. Dieses Hochgefühl nahm jedoch mit jedem weiteren Kilometer ab. Ich lief durch eine spätwinterliche Landschaft, alter Schnee lag auf dem Weg, es dämmerte bereits und die dunklen Wolken, die den ganzen Tag die Gipfel verhüllt hatten, konnten ihr Wasser nicht für sich behalten. Es begann zu regnen und ich wurde nass bis auf die Haut. Die schwere Kluft wurde noch schwerer, die Schulter schmerzte vom Gewicht des Reisebündels und der große, nun ebenfalls triefende Hosenschlag schlug mir um die Beine, so dass ich regelmäßig aus dem Gehtakt kam, was für sich betrachtet wieder einen eigenen Takt bildete. Kurz – je höher ich kam, umso tiefer sank meine Stimmung. Mein einziger Trost war der Gedanke an die Hütte.

Irgendwann, nach dem Überqueren einiger Lawinenstriche, hörte ich den Wasserfall, es war mittlerweile schon Nacht geworden. In der Kälte der Nacht fror ich, nass wie ich war. Nun, beim Rauschen des Wasserfalls war ich froh, das Ziel bald erreichen zu können.

Auf der Hüttenterrasse lag noch Schnee von den Dachlawinen. Licht war keines zu sehen, Tür- und Fensterläden waren verschlossen. Stundenlanges Gehen, um dann frierend und nass vor einer verschlossenen Hütte zu stehen? Was mache ich hier als reisender Handwerker und warum habe ich überhaupt auf den Wanderer gehört?

Ich klopfte; ich klopfte ein zweites Mal und vielleicht auch ein drittes, bis ich endlich Schritte hörte und das Umdrehen eines Schlüssels im Schloss. Ein Mann um die sechzig, einen Kopf kleiner als ich, Bauch, weißer gepflegter Vollbart, öffnete. Was ich denn wolle, fragte er. Ich fragte, ob ich denn die Nacht hier verbringen dürfte. Ohne Zögern oder die geringste Spur von Mitgefühl lehnte er erst einmal ab, mit den Worten: »Nein, das geht nicht!« So ging es nun hin und her. Ich brauchte einen Schlafplatz und war nicht gewillt, mir diesen woanders zu suchen. Er verwies darauf, dass die Hütte erst in zwei Wochen aufmacht. So waren wir beide hartnäckig und die Diskussion an der Schwelle dauerte wohl einige Zeit, bis er mich einließ. – So begann meine Reintalzeit!

Am folgenden Tag kam der Hüttenwirt Charly Wehrle, der mich einlud zu bleiben, um mit den Rodgauern, vielen fleißigen Händen aus dem Groß-

raum Frankfurt, die Hütte für die neue Saison herzurichten. Es waren schöne Tage, die mir in einer Zeit ohne Familie Geborgenheit gaben. Miteinander arbeiten, miteinander sein. All diese wüsten Gefühle von Liebe, kindhafter Freude. Alles, was ich fühlte, war rein. Das Empfinden war und ist unverfälscht hier hinten im Reintal.
Ich war sehr traurig, als ich nach einigen Tagen weiterzog, um woanders mein Glück zu probieren. Aber im nächsten Jahr kam ich wieder. Und ich komme immer wieder. Weil es die Gebetsfahnen sind, die mich rufen, und das quirlige Wasser der Partnach und die »Sommerrosen« – der Weckruf, der jeden Morgen in der Hütte ertönt.

ANDRÉ KRAUSE (*12.7.1974), Zimmermann und Studium der Architektur, Mitarbeiter der Reintalangerhütte

Dank

Als ich daran dachte, über das Reintal eine Dokumentation zu verfassen, hätte ich nicht geglaubt, dass ein kleiner Fleck Erde so vielschichtig, so geschichtsträchtig sein kann. All die Geschichten aufzuschreiben oder sie zu beschaffen, wäre mir alleine nicht möglich gewesen. Ohne Hilfe von außen wäre ich auch dieses Mal gestrauchelt bzw. ich hätte Schiffbruch erlitten. Sei es nun was Informationen betrifft, das Beschaffen von Fotomaterial oder das Erfassen der Geschichten am Computer. So habe ich an dieser Stelle wieder vielen Autoren und Freunden zu danken, ohne deren immensen Fleiß und großartige Mithilfe dieses Werk nicht hätte entstehen können.
Dank gilt den Autoren Wolfgang Opitz, Markus Opitz, Peter Schwarz, Josef Brandner, Ralf Schick, Anke Schulze, Werner Lindauer, Peter Pruckner, Lothar Schrott, Gabi Hufschmidt, Martin Hankammer, Thomas Hoffmann, André Niederheide, Wolfgang Krause, André Krause, Otto Eidenschink, Hans Steinbichler, Walter Kraus, Adolf Triller, Peter Swoboda, Ewald Weiß und Stefan Glowacz.
Ebenso allen, die mir freundlicherweise Bildmaterial zur Verfügung stellten: Alpinmuseum des DAV, DAV Sektion München, Bergverlag Rother, Lutz Bormann, Archiv Toni Hiebeler, Walter Kraus, Werner Lindauer, Willy Michl, Schorsch Möps, Wolfgang Opitz, Ralf Schick, Lothar Schrott, Familie Utzschneider.
Mein Dank gilt weiterhin Anke Schulze für die langen Stunden am Computer. Auch durch Andreas Hirschbold, Andreas Biberger, Stefan Kerscher, Ursula Meier, Gerti Meier sowie Maria und Alfons Wimmer habe ich diesbezüglich große Unterstützung erhalten.

Zu danken habe ich Siegfried Dolleisch, Erwin Vuzem, Werner Lindauer, Karl Eitzenberger, Sepp Rieger (Kroll), Schorsch Karg (Schlüpfer), Franz Erhard (Dommele), Josef Brandner, Peter Schwarz, Georg Büttel, Lutz Bormann, Stefan Kerscher, Toni Frischmann, der Familie Utzschneider und Archivar Franz Wörnle für viele Hinweise und Ratschläge bezüglich des Reintals.
Vor allem aber danke ich Helmuth Zebhauser, Wolfgang Opitz, Barbara Hörmann und Achim Pasold für ihr sorgfältiges Lektorat.
Zu guter Letzt danke ich dem Panico-Verlag, dass er wieder einmal ein offenes und ehrliches Ohr für mich hatte und der Kreissparkasse Garmisch-Partenkirchen, die dieses Projekt in großzügiger Weise unterstützte.

Charly Wehrle

Hermann von Barth
gehört zu den
bedeutenden frühen
Erschließern des
Wettersteingebirges.

Chronik

2000 v.Chr. • Erste Besiedlung durch Illyrer im Tal vor der Zugspitze (Steinbeilfund 1922)

15 v.Chr. • Die Römer gründen Partanum

802 • Garmisch wird als Germareskove urkundlich erwähnt

1145 • Partenkirchen wird als Barthinkirche erwähnt

1361 • Partenkichen erhält das Marktrecht

1438 • Großbrand in Partenkirchen

1536 • Eine große Kälte sucht das Werdenfelser Land heim

um 1550 • Steingerümpel/Felssturz vom Höhlenkopf, Blaue- und Hintere Gumpe entstehen

1589 • Hexenverbrennung im Werdenfelser Land

1590 • Erste Nennung des Namen »Zugspiz« in einer Grenzbeschreibung

um 1600 • Die Einöde Reintal entsteht

1624 • Volkszählung in Garmisch und Partenkirchen

1737 • Großbrand in Partenkirchen

1764 • Im Wetterstein wüten schwere Hochgewitter, Ende August ist Wintereinbruch, das Vieh muss von den Bergen getrieben werden

1807 • Erste Forschungsreise ins Reintal

1820 • Erste Besteigung des Zugspitz-Westgipfels durch Leutnant Josef Naus, Johann Georg Deuschl und Offiziersdiener Maier (27.-August)

1823 • Zweite Besteigung der Zugspitze (erste Besteigung des Ostgipfels) durch Maurermeister Simon Resch und Schaftoni

1834 • Dritte Besteigung (zweite des Westgipfels) der Zugspitze durch Simon und Johann Resch sowie Johann (Hanni) Barth

1846 • Neunte Besteigung durch eine Turnerriege unter Führung von Hanni Barth

1851 • Kreuzerrichtung auf dem Westgipfel

1853 • Karoline Pitzner ist die erste Frau auf der Zugspitze

1855 • Fertigstellung der Knorrhütte

1863/65 • Letzte Großbrände in Partenkirchen

1869 • Gründung des Deutschen Alpenvereins und der Sektion München

1871 • Hermann von Barth besteigt erstmals den Schneefernerkopf, Plattspitze, Gatterlköpfe und Hochblassen

1873 • Umbau der Knorrhütte

1877 • Der Gastwirt Westermayer aus Garmisch erhält die Konzession zum Ausschank von Wein und Bier auf der Knorrhütte

1879 • 1. nachgewiesener tödlicher Unfall auf dem Zugspitzplatt (Josef Koser mit Gast)

1880 • Bau der 1. Reintalangerhütte (heute Winterraum) in der Nähe des heutigen Holzschuppens, der mit dem schrägen Dach war früher die Flohhütte, Ziegenstall, Schlafstätte und Küche

1882 • Martin Beerwein wird 1. Hüttenwart der Knorrhütte
• 1. Winterbesteigung des Zugspitz-Westgipfels vom Schneeferner aus durch Ferdinand Henning, Heinrich Schwaiger, Josef und Heinrich Zametzer und Alois Zott

1887 • Erste Hütte am Westgipfel der Zugspitze
• Gründung der Sektion Garmisch-Partenkirchen des DAV

1892 • 1. Begehung des Hochwanner durch das »Kar im Fall« durch J. Mainzer und Führer J. Dengg
• Bergführer Josef Dengg verunglückt mit einem Klettergast auf dem Platt tödlich
• Martin Beerwein wird Pächter der Knorrhütte

1894 • Großer Kirchturm: 1. Besteigung durch H. Buchenberg und A. Zott (Schwierigkeitsgrad III)

1895 • Kleiner Wanner: 1. Besteigung durch H. Staudinger
• Wieder ein tödlicher Unfall auf dem Platt

1896 • Vollkarspitze: 1. Besteigung durch E. Diehl und H. Hartmann
• Telefonbau durch das Reintal zur Zugspitze

1897 • Martin Bierpriegl wird neuer Pächter der Knorrhütte
• Ferdinand Henning begeht als erster den Jubiläumsgrat
• Hinterreintalschrofen-Teufelsgrat: 1. Begehung durch L.-Distel, F. Schön, A. Heinrich, F. Henning und H. Leberle (Schwierigkeitsgrad III)
• Das Münchner Haus auf der Zugspitze wird fertiggestellt

1898 • Erbauung des neuen Hospizes »Reintaler Hof«

1899 • Blassengrat: 1. Begehung A. Heinrich, H. Leberle, G. Leuchs (Schwierigkeitsgrad III)
• Wetterstation auf der Zugspitze wird eröffnet

1900 • Jungfernkarkopf: 1. Besteigung durch L. Distel, K. Herr
• 1. Skibesteigung der Zugspitze durch Anton Heinrich (über das Reintal)

um 1900 • Erbauung der Blaue-Gumpe-Hütte

1901 • Schwere Sturmschäden im Gebiet des Forstamtes Partenkirchen

1903 • Kleiner Kirchturm: 1. Begehung durch S. Bischof und O.-Nonnenbruch

1904 • Hochwanner-Nordwand: 1. Begehumg durch L. Heis (Schwierigkeitsgrad III)
• Andere Route durch L. Distel, A. und G. Schulze
• Kar in der Jungfer durch Otto Oppel und L. Späth (Schwierigkeitsgrad III)
• Hoher Gaif, Ostgrat (Gaifgrat): durch L. Distel und A. Schulze (Schwierigkeitsgrad III)

1905 • Großer Kirchtum, Südwand: durch K. Gürtler und O. Oppel (Schwierigkeitsgrad III)

- Kleiner Wanner, Nordwand: durch F. Schneider und G. Schulze (Schwierigkeitsgrad III)
- Östliche Plattspitze, Ostgrat: durch K. Gürtler (Schwierigkeitsgrad IV)

1908 • Wetterwandeck: 1. Begehung der Wetterkante-SW-Kante durch die Gebrüder Heinrich und Robert Haff

1909 • Kleiner Wanner, Nordwand: durch P. Ass'n und A. Schmid (Schwierigkeitsgrad IV)
- Jungfernkarkopf, Nordwand, Südkamin: durch C. Gürtler und A. Seidl (Schwierigkeitsgrad V-)
- Kleiner Wanner, Nordostgrat: durch W. Nonnenbruch und E.-Schlaginweit (Schwierigkeitsgrad III+)

1911 • Auf der Knorrhütte übernimmt Pauline Bierpriegl das Amt des Hüttenpächters von ihrem verstorbenen Mann Martin Bierpriegl

1912 • Großer Kirchturm, Ostwand: durch Walter und Willi Bernuth (Schwierigkeitsgrad V-)
- Organisierung des Bergführer- und Bergrettungswesens in Werdenfels durch die Sektion München des DAV
- Erbauung der Neuen Angerhütte (heutige Hütte)

1914 • Ausbruch des Ersten Weltkrieges

1916 • Kleiner Wanner, Nordwand: durch H. Eichhorn und H. Theato (Schwierigkeitsgrad IV)

1919 • Hochblassen, Südwand: durch A. Sattler (Schwierigkeitsgrad III+)
- Hochwanner, Nordostgrat: durch A. und L. Sattler (Schwierigkeitsgrad III+)
- Großschaden durch Sturm im Forstamt Partenkirchen (3400-fm)

1920 • Jungfernkarkopf, Nordostgrat: durch A. Sattler und E. Ledl (Schwierigkeitsgrad IV)

- Östliche Plattspitze, Nordkante: durch F. Bachschmid und L.-Pistor (Schwierigkeitsgrad IV)
- Bergsturz am Oberanger vom Hohen Kamm, ca. 50.000 m^3

1921
- Gamsanger, Nordwand: durch F. Budian (Schwierigkeitsgrad IV-)

1922
- Baubeginn einer neuen Hütte an der Blauen Gumpe
- Erste Flugzeuglandung auf dem Schneeferner am 19. März durch Major Franz Hailer

1923
- Hochwanner, Direkte Nordwand: durch L. Bauer, G. Gruber (Schwierigkeitsgrad V+)
- Westliche Plattspitze, Südwestwand: durch J. Brandl und M.-Gämmerler (Schwierigkeitsgrad IV)
- Großschaden durch Sturm im Forstamt Partenkirchen (1700-fm)

1924
- Fertigstellung und Einweihung der neuen Gumpenhütte
- Großschaden durch Sturm im Forstamt Partenkirchen (2000-fm)

1925
- Kleiner Kirchturm, Südostwand: durch M. Rohrer, H. Rüsch, W. Welzenbach (Schwierigkeitsgrad VI-)
- Kleiner Wanner, Nordwestgrat: durch J. Dreher, F. Möhn, W.-Welzenbach
- Kleiner Wanner, Nordwand: H. Rüsch, W. Welzenbach (IV)
- Mittlerer Gatterlkopf, Nordkante: H. Rüsch, W. Welzenbach (III)
- Östlicher Gatterlkopf, Nordwand: Hanni Lechner, W. Welzenbach (IV)
- Westliche Plattspitze, Direkter Südgrat: W. Welzenbach, K. Wien (VI)
- Großschaden durch Sturm im Forstamt Partenkirchen (17.200-fm)
- Hütte des Kletterclubs »Hoch Empor« wird eingeweiht

- Schäfer auf der Bockhütte: Anton Sieß
- Ein Brand zerstört den Reintaler Hof

1926
- Großer Kirchturm, Südwand: durch H. Rüsch, E. von Siemens (IV)
- Kleiner Kirchturm, Ostwand: W. Leiner, A. Sattler (IV)
- Zweimal Großschaden durch Sturm im Forstamt Partenkirchen (20.900 fm und 14.000 fm)
- Eröffnung der Tiroler Zugspitzbahn
- Neuer Pächter der Reintalangerhütte: Peter Lipf

1927
- Ernst Udet unternimmt den ersten Segelflugstart auf dem Schneeferner
- 1. Winterbegehung Jubiläumsgrat: W. Hofmeier, K. Wien, K.-von Kraus
- Wiederaufbau des Reintaler Hofs
- Tödlicher Absturz von Andreas Sattler an der Blassenspitze-Südwand (27. Oktober)

1928
- Hoher Gaif, Südwand: Leo Rittler, Heini Schneider (VI-)
- Totenbergung des Johann Neudecker aus der Hochwanner Nordwand
- Kleiner Kirchturm, Südwestwand: W. Köberle, W. Leitner (V+)
- Baubeginn der Bayerischen Zugspitzbahn

1929
- Neuer Schäfer auf der Bockhütte: Hans Klein
- 1. Gesamtüberschreitung des Wettersteinkammes von der Zugspitze: K. Wien, K. von Kraus
- Der Reintaler Hof geht in den Besitz des Deutschen Metallarbeiter-Verbandes (Vorläufer der IG Metall) über

1930
- Brunntalkopf, Südwand: W. Leiner, T. Schmid (VI-)
- Inbetriebnahme der Bayerischen Zugspitzbahn

1931
- Das Hotel Schneeferner-Haus wird eröffnet
- Seilschwebebahn zwischen Schneeferner und Zugspitze

- 1. Hochalpiner Ballonstart auf dem Schneeferner
- Partnach-Hochwasser (51 m^3/s)
- Am Kleinen Wanner tödlicher Absturz des Leonhard Deuschl

1932
- Willi Leiner wird neuer Knorrhüttenpächter
- Zwei Wolkenbrüche mit Hagelschlag über dem Wetterstein

1933
- Kleiner Wanner, Nordwestgrat: H. Breiteneicher, M. Gammel (V-)
- 40-m-Sturz von Franz Fischer am Kleinen Kirchturm

1934
- Blassenspitze, Südwand: J. Bertl, J. Durrance, L. Kleisl, B.-Pflugmacher (V)
- Jungfernkarkopf, Nordwand: A. Göttner und Gefährte (V)
- Gebrüder Baß werden unter schwierigen Umständen aus der Hochwanner-Nordwand geborgen
- Willi Leiner stürzt am Brunntalkopf 40 Meter und überlebt wie durch ein Wunder

1935
- Hochwanner, Nordwand: H. Frenademetz, H. Tiefenbrunner (V)
- Kleiner Wanner, Vollständiger Westgrat: A. Göttner, Käthe Häusler
- Vereinigung der Gemeinden Garmisch und Partenkirchen

1936
- 1. Winterbegehung des Blassen- und Jubiläumsgrates: Otto Eidenschink im Alleingang
- Olympische Winterspiele in Garmisch-Partenkirchen
- Zwei Lawinentote am Kleinen Ferner

1937
- Partnach-Hochwasser (60 m^3/s)
- Gamsanger, Nordwand: P. Liebel, E. Renk (VI-)
- Erwin Vuzem wird nach neun Tagen aus der Hochwanner-Nordwand geborgen

1938
- Verbindungsstollen zwischen Tiroler Zugspitzbahn und Schneeferner-Haus
- Gamsanger, Nordverschneidung: 1. Begehung

1939	• Höhlenkopf, Nordwand: T. Meier, M. Schober (V+) • Herr Konrad aus Telfs wird als Wächter auf der Knorrhütte beschäftigt • Ausbruch des zweiten Weltkriegs
1940	• Partnach-Hochwasser (50 m^3/s) • Auf der Knorrhütte: Ehepaar Reiser als Verwalter
1941	• Knorrhütte unbewirtschaftet, Schlafplätze und Teewasser durch Zimmerin
1943	• Knorrhütte für vormilitärische Ausbildung beschlagnahmt • Hochwanner, Nordwand: 1. Winterbeg. durch P. Liebl u. Gef.
1944	• Sepp Rieger wird neuer Schafhirte auf der Bockhütte
1945	• Tiroler Zugspitzbahn wird der Bayerischen Zugspitzbahn AG als deutsches Vermögen im Ausland entzogen • 1. Skilift auf dem Zugspitzplatt • Hotel Schneeferner-Haus durch amerikanische Truppen beschlagnahmt • Maria Hofherr wird neue Pächterin der Knorrhütte
1946	• Partnach-Hochwasser (62 m^3/s) • Jungfernkarkopf, Nordwestwand: A. Lippl, H. Prechtl (VI-)
1947	• Kleiner Wanner, Nordwand: M. Schließler, J. Spindler (VI) • Reintalangerhütte, neuer Pächter: Franz Reiser
1948	• Richtfunkstelle der Post auf der Zugspitze
1949	• Hochblassen, Direkte Südwand: H. Pfanzelt, K. Simon (V) • Hochblassen, Südpfeiler: H. Pfanzelt, K. Simon (VI-) • Hoher Gaif, Direkte Südwand: A. Jörg, L. Kleisl (VI+) • Projekt Kraftwerk Werdenfels, das die Partnachklamm zu einer Stauanlage umwandeln soll, wird gestoppt • Hochwanner, Direkte Nordwand: 1. Winterbegehung durch M. Schließler, K. Sohler • Reintalangerhütte, neue Pächter: Ehepaar Müller • Sonnenkarlift am Zugspitzplatt wird fertiggestellt

1950 • Ehepaar Holzer übernimmt die Knorrhütte
1952 • Lawinenunglück am Gatterl, 5 Tote
1953 • Drahtseilartisten Alfred und Henry Traber auf der Zugspitze, dreifacher Salto Mortale zwischen West- und Ostgipfel
1954 • Abermals Lawinenunglück am Gatterl, 1 Toter
• Frau Freyse übernimmt provisorisch die Reintalangerhütte
1955 • Partnach-Hochwasser (46 m^3/s)
• 100-Jahr-Feier Knorrhütte
1956 • Fraunhofer Gesellschaft auf der Zugspitze
• Schneefernerkopflift am Platt wird erbaut
• Nuer Pächter der Knorrhütte: Max Hein
• Reintalangerhütte: Frau Lindinger übernimmt die Bewirtschaftung
• Alois Rieger (Luis Kroll) wird neuer Schafhirte auf der Bockhütte
1957 • Neue Pächter der Knorrhütte: Ehepaar Koller
1958 • Kleiner Wanner, Nordwand: 1. Winterbegehung durch G.-Maier, H. Niederberger
1959 • 1. Winterüberschreitung des gesamten Wettersteins
• Umrahmung von der Alpspitze über die Zugspitze zur Unteren Wettersteinspitze, 15.–21. Februar, Horst Wels, Helmut Albrecht, Eduard Bunczak, Günter Wolf
• Partnach-Hochwasser (64 m^3/s)
• Knorrhütte, neuer Pächter: Herr Spann
1960 • Knorrhütte, neuer Pächter: Herr Schmutterer
• Baubeginn der Zugspitzseilbahn vom Eibsee
• Reintalangerhütte: Neubau eines Mulistalls
1962 • Blassenspitze, Südpfeiler: 1. Begehung durch Werner Lindauer, Theo Reindl (VI+)
• 1. Winterbegehung Direkte Gaif-Südwand durch Werner Lindauer und Gefährten

- Frau Lindinger, Pächterin der Reintalangerhütte, stirbt überraschend an den Folgen einer Operation
- Biwakschachtel auf dem Jubiläumsgrat erstellt

1963
- Hoher Gaif, Südostwand: 1. Begehung, S. Müller, K. Simon
- Fertigstellung der Reintalstraße
- 1. Winterbegehung des Blassen-Südpfeilers durch Werner Lindauer und Theo Reindl
- Reintalangerhütte, neue Bewirtschafter: Ehepaar Bergkofer

1964
- Ausbaubeginn des Reintalweges
- 1. Winterbegehung des Blassen-Südpfeilers durch Konny Staltmayr und Dietmar Fischer

1965
- Lawinenunglück am Schneefernerhaus, 10 Tote
- Partnach-Hochwasser (56,7 m^3/s)

1966
- Partnach-Hochwasser (53,4 m^3/s)
- Fertigstellung Reintalweg

1967
- Knorrhütte, neuer Pächter: Ehepaar Stock

1968
- Reintalangerhütte, neue Bewirtschafter: Ehepaar Frischmann

1970
- Partnach-Hochwasser (81,9 m^3/s)
- Bockhütte, neuer Schafhirte: Georg Karg (Schlüpfer Schorsch)
- 9000 fm Holz im Wetterstein durch Föhnsturm vernichtet
- Knorrhütte, neuer Pächter: Ludwig Weber

1971
- Reintalangerhütte, neue Bewirtschafter: Ehepaar Binder

1972
- Knorrhütte, neuer Pächter: Ehepaar Deißenböck

1973
- Abriss der ersten Reintalangerhütte, sie wurde durch eine neue Blockhütte (heutiger Winterraum) ersetzt
- Knorrhütte, neuer Pächter: Ehepaar Kaußen

1974
- Reintalangerhütte, neue Pächter: Familie Utzschneider

1975
- Erster elektrischer Strom auf der Reintalangerhütte mittels Wasserrad an der Partnach

1977
- Knorrhütte, neuer Pächter: Gisela Zander mit Sohn Wigbert

1978 • Ein Läufer erzielt mit einer Zeit von 2:42 Std. einen neuen Rekord Partnachklamm – Schneefernerhaus

1979 • Knorrhütte, neuer Pächter: Richard Prommer
• Reintalangerhütte, neue Pächter: Gundula Müller und Edi Niedermann
• Wintereinbruch im Juni, 1 Lawinentoter unter der Knorrhütte

1981 • Deutschlands höchst gelegene Kapelle auf dem Zugspitzplatt wird eingeweiht
• Im Dezember schwerer Sturm über dem Wetterstein

1982 • 11.700 fm Holz durch Sturm im Wetterstein vernichtet
• Betriebseinstellung im Reintaler Hof
• Reintalangerhütte, neuer Pächter: Richard Prommer

1983 • Partnach-Hochwasser (47 m^3/s)

1984 • Abermals werden durch Sturmschäden im Wetterstein 14.900-fm Holz vernichtet

1985 • Auf der Reintalangerhütte beginnt das Stromzeitalter durch eine Wasserturbine
• Tiroler Wehr unterm Partnachursprung fertig gestellt
• Wintereinbruch im August, Zugspitze 35 cm Neuschnee

1986 • Reintalangerhütte, neuer Pächter: Charly Wehrle
• Schwerer Sturm über dem Wetterstein, große Holzschäden
• 200 m vom Reintalweg durch schwere Gewitter im August abgebrochen

1987 • 75-Jahr-Feier der Reintalangerhütte
• Anfang September wird am späten Abend die Reintalstraße in der Nähe des Umschlagplatzes durch ein lokales Gewitter auf ca. 80 m zerstört und dadurch unpassierbar

1988 • Lokales Gewitter am Reintalanger, 1 m Hagel
• Kleiner Kirchturm, Südostwand (Schichtband): 1. Begehung Stefan Ketterer und Sylvia Krammel, V+

1989	• Kleiner Kirchturm, Südwand »Via Charly 40«: 1. Begehung, Wolfgang und Markus Opitz
	• Blassenkopf, Südwand, »Tortour«, 1. Begehung Stefan Ketterer und Sylvia Krammel, VII-
	• Knorrhütte, neue Pächterin: Eva Michl
	• Restaurant Sonn Alpin eröffnet auf dem Zugspitzplatt
	• Während einer Versorgungsfahrt für die Reintalangerhütte verunglückt Peter Utzschneider schwer
1990	• Die Orkanstürme Vivian und Wibke wüten auch im Werdenfelser Land, 30.000 fm Wald zerstört
	• Blassenköpfl, Südpfeiler/Dampfl-Rauschpfeiler: 1. Begehung Peter Swoboda und Hansi Ostler, V
	• Knorrhütte, neuer Pächter: Stefan Köhler
1991	• Felssturz in der Partnachklamm, Sturzvolumen 10.000 m^3, ein Stausee entsteht
	• Tödlicher Absturz am Bernadeinweg
1992	• Durch ein lokales Gewitter am Reintalanger wird das Turbinenhaus bis zu einem Meter mit Kies verschüttet
	• Hochblassen, Schichtband: 1. Begehung, Stefan und Sylvia Ketterer
	• Kleiner Kirchturm, Linke SO-Verschneidung, »Potz Blitz«: 1.-Begehung Wolfgang und Markus Opitz, V
1993	• Reintalangerhütte: Sherpa Gyalzen aus Namche Bazar am Fuße des Mt. Everest zu Gast bei Charly Wehrle
	• Knorrhütte, neue Pächter: Jürgen Stoll und Marion Becker
	• Am Schützensteig tödlicher Absturz
	• Vorderer Gatterlkopf, Nordwand, »Zehenquetschen«: 1. Begehung Markus Opitz und Jürgen Stoll
1994	• Durch Murenabgang wird der Umschlagplatz am Ende der Reintalstraße zerstört
1995	• Bockhütte, neuer Schafhirte: Hans Jörg Rieger

- Früher Wintereinbruch, Schafe müssen mit dem Helikopter geborgen werden

1996
- Der Filmemacher Gerhard Baur dreht den Film »Der alte Weg auf die Zugspitze«
- Blassenspitze Südpfeiler: 1. Rotpunktbegehung, Stefan Glowacz, Leo Reitzner, von der Fernsehsendung »Bergauf – Bergab« aufgezeichnet
- Hochwanner-Nordwand »Pfeilerzustieg«: 1. Begehung Nils Schützenberger und Stefan Goetschel, VI
- Kleiner Kirchturm, Ostwand, »Prinzesschen«: 1. Begehung Christian Treimer und Nanny Endres, V-
- 2. Begehung der Schließler-Führe am Kleinen Wanner: Norbert Swoboda, Franz Perchtold

1998
- Bockhütte, neuer Schafhirte: Karl Wörndle

1999
- Riesige Lawinenabgänge im Reintal
- Durch Eiskapellen-Einbruch (ca. 600 m^3) am Partnachursprung werden zwei Soldaten verschüttet, können aber schwer verletzt geborgen werden
- Das Werdenfelser Land steht unter Wasser, Reintalstraße nach Elmau wird völlig zerstört

2000
- Knorrhütte, neuer Pächter: Rolf Wiegand
- Erneut gewaltige Lawinen im Reintal; Wasserturbine an der Partnach wird durch Lawine aus dem Kirchkar verschüttet
- Charly Wehrle erhält Bayerische Rettungsmedaille

2001
- Knorrhütte, neue Pächter: Ulrike Martin und Hans Barensteiner
- Reintalangerhütte verzeichnet knapp 5600 Übernachtungen

2002
- Hochwasser in Reintal und im Werdenfelser Land
- Die Reintalangerhütte wird 90 Jahre alt

Literaturnachweis

BARTH, HERMANN VON: »Aus den Nördlichen Kalkalpen«, Amthorverlag 1874, Reprint Süddeutscher Verlag 1984

BILLMEIER, HANS: »Der böse Geist vom Zugspitz«; aus: Jahrbuch des DAV 1962, Alpiner Verlag Fritz Schmitt, München

BRANDNER, JOSEPH: »Wohin gehört das Reintal?«, aus: Rund ums Landl, Adam Verlag Garmisch-Partenkirchen, 1993

BRANDNER, JOSEF: »Zugspitz-Besteigung schon im 18. Jahrhundert?«, aus: Jahresgabe des Heimatvereins Forcheida in Farchant, 1995, Heft 4

EIDENSCHINK, OTTO: »Allein vom Hochblassen zur Zugspitze«, aus: DAV-Jahrbuch 1964

FINSTERWALDER, KARL: »Die Namen des Wettersteingebirges, ihre Sprache und Geschichte«; aus: DAV-Jahrbuch 1964

DOLLEISCH, SIEGFRIED: »Wetteraufzeichnungen aus dem Wetterstein«

GÖTTNER, ADOLF: »Die Nordwestwand des Jungfernkarkopfes im Wetterstein (1. Begehung)«; aus: Nachlass Adolf Göttner

GRAMMINGER, LUDWIG: »Zehn Tage Hoffnung und Verzweiflung in der Hochwanner-Nordwand«, aus: Ludwig Gramminger, »Das gerettete Leben«, Herausgeber Hans Steinbichler, Bergverlag Rudolf Rother, München 1986

HIEBELER, TONI: »Unterwegs zum Partnachursprung«, »Erste Zugspitzbesteigung im Namen des Königs«, »Der Schaftoni und der Maurermeister Resch«, »Hanni Barth und die Turner«, »Eine kurze Skigeschichte«; aus: Zugspitze, Von der Erstbesteigung bis heute, Mosaik Verlag München 1979

»Hochwanner – Direkte Nordwand«; aus: »Der Berg«, Band 1923–1926 Bergverlag München

KRAUSE, WOLFGANG: »Unterwegs. Erlebnisse zwischen Rennsteig und Kilimandscharo«; Eigenverlag Leipzig 2001
»Lawinenunglück am Gatterl«, aus: Garmisch-Partenkirchner Tagblatt, 23. Dezember 1952
LEUCHS, KURT: »Die Ursachen des Bergsturzes am Oberanger«; aus: Geologische Rundschau XII, Leipzig 1921
LINDAUER, WERNER: »1. Begehung des Blassenspitze Südpfeilers«; aus: Festschrift 75 Jahre Sektion Garmisch-Partenkirchen des DAV, 1962
PRUCKNER, PETER: »Im Winter durch die Alte Hochwanner-Nordwand« aus: Mitteilungen der Sektion Garmisch-Partenkirchen des DAV 1988
»Der wiedererstandene Raintaler Hof«; aus: Garmisch-Partenkirchner Tagblatt 20.4.1927
»Adolf Stöcker, Gründer des Hospizes Reintaler Hof«; aus: Garmisch-Partenkirchner Tagblatt 7.12.1935
»Jetzt ist der Reintaler Hof zu«; aus: Garmisch-Partenkirchner Tagblatt 10.10.1983
»Reintaler Hof. Ferienheim der Industriegewerkschaft Metall«; aus: Hausprospekt 1970er Jahre
RITTLER, LEO: »Erste Durchkletterung der Südwand des Hohen Gaif«; Facsimile aus einem alten Tourenbuch der Reintalangerhütte
ROCK, EDUARD: »Das Holztriften in Partenkirchen«, Adam-Verlag Garmisch-Partenkirchen
»In memoriam Andreas Sattler«; aus: Der Bayerländer. Mitteilungen der Alpenvereinssektion Bayerland e.V. in München, März 1927
FRITZ SCHMITT, »Die Kreuzerrichtung« aus: Wetterstein, Alpinmonographie, Bergverlag Rother München 1979
»Der Schweizer Bartl«; aus: Garmisch-Partenkirchner Tagblatt 1940
SCHÖLL, MARTIN: »Häuser, die nicht mehr stehen, Originale, die nicht mehr leben«, Garmisch-Partenkirchen 1980
SCHWARZMÜLLER, ALOIS: »Juden sind hier nicht erwünscht. Zur Geschichte der jüdischen Bürger in Garmisch-Partenkirchen 1933–1945«; aus: Mohr-Löwe-Raute, Band 3 1995, S. 184–232

SEKTION MÜNCHEN DES DAV, »Bau der Knorrhütte«; »Bau der Reintalangerhütte«; »Telefonleitung auf die Zugspitze«; aus: Chronik der Sektion München des DAV, Band 1, Eigenverlag
SIEGFRIED, WALTHER: »Seinerzeit in Partenkirchen«, Aus dem Bilderbuch eines Lebens, 2. Teil, Zürich und Leipzig 1929 (Neuauflage Garmisch-Partenkirchen 1994)
TRILLER, ADOLF: »Destouches' vergessene Verse«; aus: DAV Panorama 3/1999
WEISS, EWALD: »Willi Leiner – Knorrhüttenwirt und großer Alpinist«; aus: »Berge« Nr. 78 4/96

Der Herausgeber:

Wehrle, Charly (*7.10.49), Wettersteinhüttenwirt seit 1979, zuerst auf der Oberreintalhütte, später auf der Reintalangerhütte. Kenner der meisten Oberreintalrouten, Buchautor, Weltenbummler und Fotograf.
Seine Bücher »Kletterwelt Oberreintal« und »Bergsteiger ohne Maske«, aus dem Panico Alpinverlag, sind zur Zeit vergriffen. Einzelstücke sowie sein Buch »Mit Hackbrett und Kontrabass« – die Beschreibung eines außergewöhnlichen Musiktrekkings zum Dach der Welt – sind beim Autor (www.charly-wehrle.de) zu beziehen.

Sein im Jahr 2009 erschienenes Buch »Weckruf im Wetterstein« – heitere und besinnliche Geschichten aus dem Leben eines Hüttenwirts – ist im Buchhandel oder direkt bei www.panico.de erhältlich.

160 Seiten Hardcover

Format 14,8 cm x 22 cm

ISBN 978-3-936740-59-2

19,80 Euro

Kleiner Wanner
Gatterlspitzen
Oestliche
Plattspitze
Wetter-
wandeck
E
G
α P
B
B